LES 155 JOURS
DE MARINE LE PEN

BLAISE DE MONLUC

LES 155 JOURS DE MARINE LE PEN

(21 juin - 22 novembre 2022)

l'Archipel

Notre catalogue est consultable à l'adresse suivante :
www.editionsarchipel.com

Éditions de l'Archipel
92, avenue de France
75013 Paris

ISBN 978-2-8098-4176-3

PRÉAMBULE

Mardi 21 juin 2022, 11 h 30,
palais de l'Élysée

Des centaines de journalistes se sont fait accréditer : la cheffe de l'extrême droite française, fille du fondateur du Front national, va devenir Première ministre de la France et engager une cohabitation qui donne le vertige. Elle a rendez-vous avec le président de la République à 11 h 30.

Depuis le temps qu'on en parlait, c'était comme une légende, une histoire pour se faire peur, et voici qu'on la guette, non plus en avatar mais en chair et en os. La prise de pouvoir de la famille Le Pen avait fini par devenir une abstraction, une simple occasion de se maudire sur les réseaux sociaux. Marine Le Pen remontait dans les sondages malgré le coup d'arrêt de son parti aux régionales de juin 2021, on tremblait pour la forme, mais on n'y croyait plus. L'habitude nous joue des tours… Les amis du président accusaient les oppositions de jouer avec le feu, les oppositions reprochaient à Macron de se servir de l'extrême droite, mais elle n'était qu'un fantôme, une ombre, une espèce de loup-garou. Un mistigri qu'on se refilait entre adversaires.

Ce matin, on ne joue plus : terminus, tout le monde descend et c'est elle qui va monter. Le mistigri a raflé la mise, et la cour de l'Élysée est bondée, en son honneur. Le monde entier n'attend plus qu'elle.

Elle se fait désirer comme une star : 11 h 35, 11 h 40, 11 h 45… Quelques-uns se reprennent à espérer. Y aurait-il un empêchement ? Un grain de sable ? Un imprévu ? Dans les éditions spéciales, les experts s'interrogent. Tout y passe, il faut meubler : la lepénisation des esprits, l'islam, les banlieues, la crise, le rapprochement des extrêmes, le président qui ferait de la résistance…

11 h 55

Retour sur la terre ferme. La Renault de Marine Le Pen est à l'approche, filmée depuis un hélicoptère, dans un Paris indifférent.

Midi

Les pneus crissent sur le gravier de la cour. La voiture s'arrête à dix mètres des marches. Vêtue d'un pantalon et d'une veste, bleu marine comme il se doit, Marine Le Pen en sort avec son sourire de compétition. Elle prend le temps de parcourir les derniers mètres à pied en saluant.

Les journalistes l'interpellent :

— Madame Le Pen ! Vous êtes en retard… Vous avez des problèmes avec le président ?

— Vous rigolez ? J'ai pris mon temps. 11 h 30, c'était trop tôt pour l'apéro !

Elle enclenche sa mitrailleuse de rires et monte les marches en courant. Alexis Kohler, le secrétaire général de l'Élysée, l'attend, impavide derrière ses lunettes rondes. Il lui serre mécaniquement la main et l'entraîne sur la gauche, à l'étage, vers le Salon doré : le bureau présidentiel.

12 h 05, premier étage du palais de l'Élysée

Dans l'antichambre, le secrétaire général fait asseoir la future Première ministre et lui demande de patienter. Il tape à la porte du Salon doré, entre. En ressort cinq minutes plus tard, à petits pas méticuleux. Le président achève l'examen d'un dossier et la recevra ensuite. Alexis Kohler se retire dans son bureau.

Cinq minutes passent, puis dix, puis un quart d'heure. Elle est seule et commence à s'énerver. Elle ne rit plus mais serre les poings. Il lui rend le chien de ses chats… Au bout d'une demi-heure, le secrétaire général réapparaît enfin.

— Le président peut maintenant vous recevoir.

12 h 35

Marine Le Pen se lève, franchit la porte du bureau présidentiel. Emmanuel Macron est assis à sa table de travail, tête baissée, comme si personne n'était entré. Il paraphe des documents, un, deux, trois, une dizaine, et finit par lever les yeux, l'air ailleurs. Plusieurs postes de télévision sont allumés. Les éditions spéciales rapportent que la patronne du Rassemblement national se trouve en ce moment même dans le bureau du président, et qu'ils échangent.

— Pardonnez-moi, madame, mais je vous attendais à 11 h 30. Pendant votre retard, j'ai travaillé quelques dossiers. Je ne pouvais les interrompre.

Elle rit.

— Oui, j'ai remarqué. Mais vos fauteuils sont confortables. Faire antichambre est un bonheur.

— J'ai pensé la même chose quand vous n'arriviez pas…

Il se lève et vient lui serrer la main, tout en poursuivant l'échange.

— Je suis heureux de ne pas vous avoir froissée. Et puis, vous serez d'accord avec moi : midi, c'était encore trop tôt pour l'apéro, vous ne trouvez pas ?

Elle s'esclaffe. Il appelle un maître d'hôtel, qui demande à l'invitée ce qu'elle souhaiterait boire.

— Un Perrier bleu, on trinquera une autre fois…

Ils s'assoient face à face, chacun sur un fauteuil, une table basse entre eux. Il lui propose d'emblée le poste de cheffe du gouvernement, elle accepte « en principe », selon qu'ils seront d'accord ou non sur la suite des décisions. Il approuve sa réserve, précisant toutefois que « les principes », c'est lui qui les arbitre. S'ensuit alors une passe d'armes, sur le mode constitutionnel.

— Comme vous le savez, madame, article 5 de la Constitution, « le président de la République veille au respect de la Constitution. Il assure, par son arbitrage, le fonctionnement régulier des pouvoirs publics ainsi que la continuité de l'État. Il est le garant de l'indépendance nationale, de l'intégrité du territoire et du respect des traités ».

— Comme vous le savez, monsieur, article 21, « le Premier ministre dirige l'action du gouvernement. Il assure l'exécution des lois ».

— Nous sommes d'accord, mais vous avez à l'esprit, j'imagine, que selon l'article 15, « le président de la République est le chef des armées. Il préside les conseils et les comités supérieurs de la défense nationale ».

— Cela va de soi. Et vous vous souvenez, monsieur le président, que l'alinéa 1er de l'article 21 stipule que « le Premier ministre est responsable de la défense nationale », tandis que, alinéa 2, « le gouvernement dispose de la force armée ».

— Vous avez des projets militaires ?

Elle rit de la bonne blague.

Avant de lui demander le nom des personnalités qu'elle envisage pour son futur gouvernement, le président appelle son secrétaire général et le fait asseoir à ses côtés.

— Vous connaissez Alexis Kohler. Nous aimerions savoir qui sera son interlocuteur. Qui sera votre secrétaire général à Matignon ?

Elle n'hésite pas :

— Ce sera Bruno Bilde.

— Ah, les grandes heures d'Hénin-Beaumont ! La famille encore et toujours, en quelque sorte… Il n'y a que ça de vrai, n'est-ce pas, la famille et les fidèles ! Méfiez-vous quand même de la fidélité des mégrétistes…

— Vieilles histoires d'un autre siècle. Avec son bégaiement, vous auriez préféré que j'en fasse mon porte-parole ? C'est un grand connaisseur des nuances de la future majorité. Un homme de l'ombre qui n'aspire pas à la lumière. Vous verrez, vous vous entendrez très bien. Et merci de vous inquiéter de mes proches… Si vous aviez porté le même soin aux vôtres, vous vous seriez évité bien des désagréments. Je pense à M. Benalla, par exemple, et à quelques autres…

Emmanuel Macron, qui jusque-là souriait en exposant ses dents du bonheur, accuse le coup.

— Je n'ai pas d'opposition.

Il se tourne vers Alexis Kohler :

— Ce sera donc votre interlocuteur, monsieur le secrétaire général.

Kohler se retire.

— Avant d'aller plus loin, madame, vous n'ignorez pas que j'attache un soin particulier au rôle et à l'image de la France dans le monde. J'ai donc besoin de savoir à qui vous pensez pour le poste de ministre des Affaires étrangères.

— Je vous propose M. Thierry Mariani.

— Ah ! le conquérant bredouille de la région Provence ? Je le redoutais et je crains qu'il vous faille changer d'avis. Sur la scène internationale, la France a besoin d'un ministre indépendant, pas de l'admirateur d'une puissance étrangère, fût-elle chère à votre cœur et à votre financement. Outre un penchant prononcé pour Bachar al-Assad, M. Mariani est trop proche de la Russie pour ne pas handicaper notre diplomatie.

— Je redoutais vos réserves, monsieur le président, mais je vais devoir insister.

— Insistez tant que vous voudrez, madame, je vous rappelle l'article 8 de la Constitution : « Le président de la République nomme le Premier ministre », et ensuite : « Sur la proposition du Premier ministre, il nomme les autres membres du gouvernement. » Donc le choix vous incombe, mais c'est à moi qu'il appartient.

Suit une discussion tendue. Elle lui expose les grandes lignes de la composition de son gouvernement. Il note qu'elle est très loin de la parité hommes-femmes. Elle répond qu'elle préfère « les compétences universelles du siècle des Lumières, aux ghettos intersectionnels des universités américaines » et ajoute, agacée :

— Je ne choisis pas mes collaborateurs en fonction de leurs origines, de leur sexe ou de leur couleur de peau. Je laisse ce tri à vos antiracistes. Et, au cas où vous ne l'auriez pas remarqué, la Première ministre de ce gouvernement a toutes les chances d'être une femme.

Macron encaisse encore. Il mesure les délices qui l'attendent pour des mois, des années peut-être. Il s'impatiente. Il en a déjà plein les bottes, de cette femme, mais n'aura pas le loisir de la virer sans préavis, comme on le fait pour les Premiers ministres qui vous soutiennent. Il faudra la ménager. Faire semblant, patienter, guetter l'heure de frapper.

Elle égrène les noms de ses futurs ministres. Il n'écoute plus, il verra bien quand elle lui enverra la liste définitive. Il décide d'abréger l'entretien.

— Très bien, madame, nous verrons au cas par cas, s'il y a lieu, quand vous serez fixée. En attendant, avant d'officialiser votre nomination, une dernière question, dont je ne doute pas de la réponse.

Marine Le Pen lève le front et le fixe, prête à répliquer.

— Je vous écoute.

— Vous confirmez que vous ne sortirez pas de l'euro ?

— Je l'ai répété mille fois pendant la campagne.

— Que vous ne chercherez pas à sortir de l'Europe ?

— Idem.

— Que vous respecterez les traités internationaux, Schengen compris ?

— J'en discuterai. J'en renégocierai certains.

— Vous en parlerez aux Vingt-Sept, mais évitez les portes qui claquent. Je ne veux pas de sommets à scandale.

— Ce n'est pas mon genre…

— Et pourtant… Un jour la chemise noire, le lendemain le drapeau rouge…

— Ah c'est vrai… J'ai fait alliance avec Jean-Luc Mélenchon… !

Et elle éclate de rire. Son grand rire de gargoulette. Un symptôme de tension qu'on évacue.

— Je vais vous raccompagner, signer votre nomination, puis nous la rendrons publique. Ces prochains mois, gardez à l'esprit que la voix de la France, c'est le président de la République.

— Et vous, que « le gouvernement détermine et conduit la politique de la nation, qu'il dispose de l'administration et de la force armée, et qu'il est responsable devant le Parlement ».

— Je crois que nous en avons fini pour l'immédiat, madame la Première ministre. Nous sommes appelés à nous revoir…

Il se lève, elle le suit, il pousse la porte chargée de dorures et la laisse passer. Les huissiers les saluent. Ils descendent l'escalier vers la sculpture monumentale commandée en 1984 par François Mitterrand à l'artiste Arman, *Hommage à la Révolution*. Dans une minute, ils mijoteront dans la marmite de l'Histoire.

Les journalistes sont aux fourneaux, impatients. Le président se sent assiégé, l'imminente Première ministre se sent ficelée. À quelques marches du rez-de-chaussée, il la saisit par le bras. Elle croit à une hésitation, un geste de recul, mais le visage de l'homme jeune et tactile qui la retient ne trahit aucune émotion. Elle se demande s'il va lâcher une confidence ou une torpille.

— J'oubliais, madame la Première ministre. Je compte sur vous pour avancer au plus vite sur les attentats de l'Ascension. Vous vous flattez d'avoir plus que nous-mêmes la volonté de lutter contre le terrorisme et j'en suis très heureux. J'attends impatiemment vos résultats.

Il y a comme une menace dans le timbre de sa voix.

Ils arrivent sur le perron. Ils sourient l'un et l'autre en se serrant la main. L'image fait le tour de la France, de l'Europe et du monde en quelques fractions de seconde. Les macroniens de la première heure pleurent devant leur écran, les marinistes exultent, Marion Maréchal lève les yeux au ciel en haussant les épaules. Sur CNews, Éric Zemmour parle déjà d'une « journée de dupes ». Jean-Luc Mélenchon philosophe sur « la rançon du renoncement et de la trahison ». Yannick Jadot exprime sa « très profonde inquiétude ». La foule de journalistes essaie d'arracher un commentaire :

— Marine Le Pen, êtes-vous Première ministre ?… Monsieur le président, avez-vous nommé Marine Le Pen ?…

Emmanuel Macron et Marine Le Pen serrent les dents dans un sourire contraint. Ils saluent. Leurs mains ouvertes ont l'air d'un bouclier derrière lequel ils se protègent. Puis ils se quittent, lui vers son bureau, elle vers son destin.

Destin qui s'est noué quelques semaines plus tôt…

RENAISSANCE

Mercredi 2 mars, route d'Amiens

— Bonjour, Jonathan.

— Bonjour, monsieur le président.

— Mon meeting commence dans trois heures, je vais ouvrir ma campagne, et j'attends mon discours.

— Je vous l'ai envoyé hier soir, monsieur le président, vous ne l'avez pas reçu ?

— Ah bon… C'était mon discours, ce brouillon ? J'ai cru à une erreur de fichier. Tant pis, je vais faire avec… Mais soyez gentil, reprenez-le un peu. Mettez-y de la France unie, de la Force tranquille, du Ni-Ni, comme on en a parlé, du Mitterrand 88, quoi ! Allez, rendez-vous dans une heure, mon Jonathan, et bon courage.

Jonathan Guémas est la plume d'Emmanuel Macron. « Conseiller discours » selon son titre, mais depuis l'annonce de la candidature de son patron, le 22 février, il a quitté l'Élysée pour émigrer vers les nouveaux locaux de La République en marche, rue du Rocher, dans le VIIIe arrondissement de Paris, à moins d'un kilomètre de la présidence, 2 800 mètres carrés entre deux bâtiments de sept à huit étages reliés par une terrasse.

Tant d'eau a coulé sous les ponts, depuis 2017. Des torrents, des déferlantes, des tsunamis. Un quinquennat de contretemps, de fureurs jaunes, de polémiques inutiles, de « gens qui ne sont rien », de Benalla, de fâcheries médiatiques, de divorce à la lyonnaise, de coronavirus, d'équipes instables… Depuis ces jours qui virent se transformer en président de la République un Rastignac de trente-neuf ans, sourire Ultrabrite et regard froid, les visages ont changé, les expressions aussi. À part le chef en quête d'un nouveau pont d'Arcole, il ne reste plus grand monde de l'épopée fondatrice. Des excellences au grognard, les fringants d'il y a cinq ans ont laissé place à des soldats qui croient encore en Bonaparte, mais sont inquiets pour leur avenir. Les doutes ont balayé les illusions.

L'itinéraire du jeune Guémas, visage de gros bébé surmonté d'une calvitie bien avancée, ressemble à celui des conquérants qui flageolent aujourd'hui. Pas seulement l'équipe de l'ombre, les conseillers, les attachés, les militants s'il en reste, mais aussi les élus, les députés, les sénateurs, les secrétaires d'État, les ministres… Ils ont vécu une promotion fulgurante ou un reclassement canon, il y a cinq ans, mais le doute les tourmente aujourd'hui, alimenté par des défaites en série dès qu'il s'est agi d'être élu sur le terrain, dans une ville, un département, une circonscription. Les dernières élections régionales, en juin 2021, ont été un naufrage. Le mouvement s'appelle En Marche !, mais il n'a pas de pieds, juste une tête, celle du patron.

Jonathan Guémas, à peine sorti de Normale Sup, travaillait pour une espèce de cardinal, Gérard

Collomb, autrefois maire incontesté de Lyon et puissance intouchable à la communauté urbaine. Ce n'était déjà pas rien pour un jeune homme de son âge, mais l'aventure s'est accélérée à l'automne 2016, pour lui comme pour tant d'autres, ses futurs compagnons. Mal à l'aise au Parti socialiste, Collomb a senti le vent tourner et a rejoint le candidat Macron, dont l'aventure présomptueuse semblait vouée aux oubliettes plutôt qu'à l'Histoire de France. Mais Hollande a renoncé et Macron s'est envolé. Dès lors, passé d'un maire PS à un ministre En Marche, le conseiller s'est senti pousser des ailes, au service du commando qui s'approchait du pouvoir en promettant la création d'un monde nouveau. Les *winners* de la *start-up nation* avaient fière allure le dimanche 14 mai 2017, à l'Élysée, mais nous sommes en 2022, et Guémas est en panne d'inspiration. En prenant son stylo pour corriger le discours de son patron, il se surprend à fredonner « Ex-fan des Sixties », la chanson de Gainsbourg et Birkin : « Où est l'ombre des Shadows, des Byrds, des Doors, des Animals, des Moody Blues… Séparés McCartney, George Harrison, et Ringo Starr, et John Lennon… »

Disparu, Arnaud Leroy le porte-parole écologiste de la campagne victorieuse, parti vers l'Agence de l'environnement ; disparu, Ismaël Emelien, pour écrire un livre et fonder une agence de formation ; disparu, Jean Pisani-Ferry, retourné à ses chères études ; disparue, Sophie Ferracci, vers la Caisse des dépôts et consignations ; disparu, Sylvain Fort, la première plume du président, évaporé chez François Pinault. C'est à lui que Guémas a succédé, et le voilà qui transpire sur son texte, les formules de victoire ont du mal à venir. Il n'a pas le blues mais un gros doute, or il dispose de moins d'une heure pour transformer son brouillon rejeté en discours qui galvanise. Quel métier. Quelle hécatombe.

Et les ministres ! Dans sa Peugeot 508 personnelle qui fonce sur l'autoroute du Nord en direction d'Amiens, le candidat Emmanuel Macron pense à la folle histoire de sa prise de pouvoir. Il a laissé à l'Élysée la Citroën DS7 Crossback pour ne pas être accusé de mélanger les genres, mais à l'idée d'être encore là, quand tant de commentateurs anticipaient son retrait, il éprouve une certaine euphorie. Il en sourit discrètement. Cependant, alors qu'au fil des kilomètres l'instant s'approche de replonger dans l'arène, une image lui revient et refroidit son optimisme. Il revoit la photo de son premier gouvernement et la compare avec celle d'aujourd'hui. Les ministres d'État s'appelaient Gérard Collomb, fâché puis englouti dans le Rhône lors des municipales, Nicolas Hulot, annonçant sa démission en direct sur France Inter, François Bayrou, mis en examen puis rattrapé par les cheveux. Parmi les ministres, il y avait Sylvie Goulard, fracassée à Bruxelles, Richard Ferrand, réfugié sur un perchoir, Agnès Buzyn, noyée dans la Seine après avoir remplacé à Paris un Benjamin Griveaux qui ne cachait rien de son anatomie, lui-même un temps concurrencé par le secrétaire d'État Mounir Mahjoubi et surtout par le mathématicien Cédric Villani. Quel bazar, quel foutoir, « quels bons à rien, quels crétins, quels bras cassés », s'énerve maintenant le président, qui ne sourit plus du tout et s'en prend à son chauffeur.

— Stéphane, vous roulez trop vite ! Ça ne vous suffit pas, vos excès de vitesse de Sèvres ? Vous voulez qu'on parle encore de vous dans le journal de demain, en lieu et place de mon premier discours de campagne ?

Le chauffeur s'excuse et ralentit, tandis que le candidat s'impatiente en vérifiant son portable. Mais que fiche l'autre imbécile de Jonathan ? Il est comme ça, le président sortant, capable d'être gentil, familier, de vous taper sur l'épaule, de garder longtemps votre main dans la sienne, mais il est souvent à cran, prêt à vous écarter d'un geste impatient ou d'une formule vexante. D'autant qu'il songe aux images qui vont le poursuivre en boucle, pendant toute cette campagne, sur les télés d'information en continu comme sur les réseaux sociaux. Benalla, la piscine de Brégançon, l'emploi « de l'autre côté de la rue », les gilets jaunes, les zigzags des confinements, le « président des riches », les attentats, les islamistes, Edwy Plenel, les journalistes en général qui tueraient père et mère pour remuer la gadoue. Il dit « gadoue » car il aime les mots démodés, mais il pense à autre chose. « Amiens, 100 kilomètres », indique un panneau. Le trac lui monte à la poitrine, le destin s'est enclenché comme un chrono, il le mènera à un second triomphe ou une humiliation… Et ce discours qui ne vient pas !

Alors il improvise un exorde dans sa tête, ses lèvres serrées se mettent à s'animer. Il lui vient comme un sourire. Son équipe est par terre, en morceaux, démoralisée, défaite sur tous les terrains, Castex n'a jamais remplacé l'agaçant Édouard Philippe, qui lui jure fidélité en lorgnant sa place. Sa gauche est en colère et sa droite incertaine, mais il passait pour mort, comme Hollande, et il est encore vivant, en route vers son premier meeting. Mieux encore : comme prévu, Marine Le Pen est la seule à pouvoir lui tenir tête, en dépit de sa déconvenue aux élections régionales. Comme lui, elle manque de troupes ; mais, comme lui, elle reste une référence. Il en est sûr, il la battra au second tour, même si c'est par défaut et de justesse. Depuis cinq ans qu'il est découpé comme une carcasse de boucherie, « livré aux chiens », songe-t-il dans un accès de rage en pensant au discours de François Mitterrand après le suicide de Pierre Bérégovoy, il leur prépare le coup de 2017, en pire. Surgir de nulle part.

Il y a cinq ans, il s'était imposé en cassant la porcelaine du monde ancien. Cette année, il survivra en recollant les morceaux. En juin 2021, les Français inquiets ont réélu tous les présidents de région sortants. En 2022, ils rééliront le président de la République en place. Il est le seul à pouvoir incarner l'unité du pays, le calme et la sécurité après cinq années terribles. Au sortir de la Covid et face au terrorisme, il sera le reconstructeur, lui qui fut le briseur, la main qui rassure et préserve, lui qui fut le « dégageur ». Il sera la permanence. Pas la sienne. Celle de la France.

Il les tient, les mots clés de son discours. Il les note sur son portable, les relit, s'en exalte et se marre. Ils sont ainsi, les politiques. Le plaisir de gagner les dope moins que la perspective de briser leurs adversaires. Il imagine déjà leur tête, au soir du premier tour. Le bal des revenants défaits. Marine Le Pen en asymptote échevelée, toujours prompte à parcourir la moitié de la distance qui la sépare du pouvoir ; Mélenchon tel qu'en lui-même, qui enfle par la tête et se défait par le nombril ; l'assureur Xavier Bertrand, vieux de la vieille né sous Chirac, investi par le parti de Sarkozy, mais qui se la joue homme du terroir et bébé rose ; Rachida Dati, qui n'a pas supporté cette nomination et s'est lancée toute seule avant de renoncer, en claquant du talon aiguille ; Yannick Jadot, tendance melon, débordé par Éric Piolle, tendance pastèque, vert dehors et rouge dedans ; Nicolas Dupont-Aignan, qui se croit à Londres et résiste à Vichy…

Emmanuel Macron en est à ses croquis vachards quand un bip du téléphone l'interrompt. Un texto :

« Monsieur le président… »

Le jeune Guémas vient de finir ses corrections. Il a refait l'introduction et réécrit la chute. Le discours est en pièce jointe. Ouf. Le candidat sourit d'un air attendri, lève le pouce mais c'est de lui qu'il est content. Les grandes lignes, il les a déjà trouvées, à quoi bon les phrases alambiquées d'un « conseiller discours » ? Il n'ouvre même pas le fichier, il annotera seulement le corps du texte envoyé la veille et déjà imprimé, comme aide-mémoire, au cas où. Comme il est aimable, il répond tout de même par un texto bienveillant : « Cette fois c'est parfait, Jonathan. Mille mercis d'avoir trouvé le ton juste et les mots qui conviennent. Bravo. » Rue du Rocher le jeune Guémas lit le message et le montre fièrement à ses collègues, à la machine à café.

Le parc Mégacité d'Amiens est un vaste ensemble de halls d'exposition, doté de deux auditoriums. C'est dans le plus grand d'entre eux, capable de recevoir mille spectateurs, que le premier meeting du président en campagne s'apprête à commencer. À l'extérieur, deux écrans géants ont été installés. Cinq cents personnes les regardent avec dépit, déçues de ne pas avoir trouvé de place à l'intérieur. Quelques-uns portent des masques, même si le coronavirus n'est plus qu'un mauvais souvenir. Plus loin, retenus par des CRS, des militants de la CGT et quelques gilets jaunes brandissent une banderole où il est écrit « Macron fais tes cartons ». Ça ne sent pas la merguez comme dans les meetings de l'extrême droite ou de l'extrême gauche, mais on vend des sandwiches au jambon-beurre et de l'eau plate ou pétillante. L'espace grouille d'une foule plutôt bien habillée, la quarantaine et davantage, venue par militantisme, par nostalgie de 2017, par curiosité, ou simplement pour se montrer… Cet événement majeur sera diffusé en direct sur BFMTV, CNews, Franceinfo, et fera l'ouverture des 20 heures des chaînes classiques.

Il est 19 h 15, la nuit est tombée, la voiture du président se gare à une vingtaine de mètres de l'entrée du bâtiment surmonté d'un dôme. La portière avant gauche s'ouvre, Macron en descend et s'avance en saluant, seul comme au Louvre, le soir de son élection. Un cordon de sécurité progresse de part et d'autre, tout en veillant à ne pas gêner l'image de son arrivée. Une foule de journalistes l'interpelle à la volée, dans la lumière des flashes et des projecteurs :

— Monsieur le président, quel est votre sentiment en lançant cette campagne ? Vous ne prenez pas un risque ? Depuis 2012, tous les sortants ont perdu !

— C'est vrai, je prends le risque de gagner.

— Deux mandats, ce n'est pas trop ?

— Pour vous, sans doute.

— Pourquoi Amiens pour lancer votre campagne ?

— Devinez…

— Personne n'est venu avec vous ? Vous ne vous sentez pas seul ?

— Venez à l'intérieur, vous la verrez, ma solitude !

Il salue de nouveau, tout sourire, et leur lance « À tout de suite ! », happé cette fois par ses gardes du corps, qui l'escortent jusqu'à la porte, où l'attend la mairesse de la ville. Brigitte Fouré est une femme du centre droit, héritière de Gilles de Robien, farouchement opposée à l'extrême droite. Elle n'a pas voté Fillon en 2017, n'est pas vraiment « Macron-compatible », mais pas allergique non plus. Elle a déjà reçu le fils prodige le 21 novembre 2019, en déclarant que cette visite était « une bonne chose pour Amiens ». Et puis cette fille d'agriculteur à la bouille ronde et aux cheveux souvent en pétard, que ses amis appellent « la mère-maire » et ses adversaires « la mémaire », éprouve une fierté pour ainsi dire maternelle à recevoir un illustre enfant du pays. Il lui serre longuement les avant-bras, comme un fils. *Belle image*, se dit Jonathan Guémas devant sa télévision, impatient d'entendre le discours qu'il a écrit dans le silence prendre vie par la voix du président.

Maintenant entré dans le bâtiment de verre, le cortège se dirige vers l'auditorium, sous une haute coupole de bois, en fendant un couloir de militants. Ceux-ci interpellent le candidat, tendent le bras, veulent le toucher, l'encourager. Dans le *Courrier picard* du lendemain, le reporter qui suit ces soutiens fervents depuis le début de l'après-midi décrira ainsi leur état d'esprit : « Les militants dégageaient une espèce d'enthousiasme pathétique, un peu comme des naufragés accueillant les secours. Tant d'épreuves endurées, de déceptions, de doutes, de critiques pendant un quinquennat conféraient une auréole au capitaine encore debout, cet homme jeune qui montait à la tribune et promettait de briser ses ennemis en les battant une deuxième fois ! À cette idée, les vindicatifs criaient son nom, les sentimentaux avaient les larmes aux yeux, mais les inquiets se tenaient à l'écart. Ils m'ont confié un peu plus tard le fond de leur pensée : “On se rassure en l’acclamant, mais vous verrez, c’est loin d’être gagné !” »

Le Premier ministre, Jean Castex, est assis au premier rang. À son côté, Barbara Pompili, l’écolo multicarte, qui fut députée de la Somme avant de devenir ministre de secours sous Hollande puis de rallier Macron. À sa gauche, on reconnaît Cécile Delpirou, sa suppléante, qui lui a succédé à l’Assemblée, et Jean-Claude Leclabart, l’autre député La République en marche de ce département. Bruno Le Maire a fait le déplacement, chemise blanche, veste bleue et tête rose. Gérald Darmanin, dont les cheveux grisonnent à vue d’œil, lui parle à l’oreille puis se tourne vers Éric Dupont-Moretti, bougon, tandis que Christophe Castaner promène un peu plus loin ses yeux cernés de parieur insomniaque.

On note qu’Édouard Philippe n’a pas fait le déplacement, et le carré de la presse accréditée s’interroge sur le sens de cette absence. Pendant des semaines, l’hypothèse de sa candidature a agité l’opinion, lui qui domine les sondages. Cette perspective a provoqué des ulcères à LR, le parti fondé par Nicolas Sarkozy. Pour en sortir, le président du Sénat, Gérard Larcher, accompagné par François Baroin, président de l’Association des maires de France, lui a rendu visite au Havre, au mois d’octobre, à la fureur du sacristain Bruno Retailleau mais aussi de l’inclassable Rachida Dati. Baroin et Larcher ont discrètement dîné avec l’ancien Premier ministre au Zgorthiote, un restaurant libanais dans le quartier du port, où il a ses habitudes. Ils lui ont proposé l’investiture de la droite républicaine en faisant valoir que sa popularité, son expérience et sa position à la fois en dehors et au-dedans pouvaient fédérer les candidatures multiples qui fragmentent la droite parlementaire. L'ancien Premier ministre est resté évasif, et quand Emmanuel Macron a officialisé sa candidature à un second mandat, Édouard Philippe a affiché un soutien à la fois clair et réservé, qui sonnait comme une approbation autant qu'un avertissement : « Je prends acte de la décision du président et la salue. La France doit retrouver le chemin des réformes. »

En cette période électorale, le maire du Havre demeure un fidèle insaisissable, il est « ailleurs », comme le fut Michel Jobert dans les années 1970, et s'il se défend de nourrir une ambition personnelle, ses proches en rêvent tout haut dans les médias et sur les réseaux sociaux. Quand on lui pose la question, Philippe répond que l'heure n'est pas venue, en regardant sa montre. Si le cardinal de Retz a dit juste en affirmant qu'« on ne sort de l'ambiguïté qu'à son détriment », il faut croire qu'Édouard Philippe cultive son capital en le laissant en friche, ce qui agace prodigieusement le président sortant.

Une longue, très longue ovation accueille le candidat, qui monte à la tribune, marche après marche, en pesant bien ses pas. « Macron président ! Macron président ! » Il prend son temps, contrairement aux emballements de sa campagne de 2017. À cette époque il sprintait, il hurlait à s'en casser la voix ; cette année il mesure sa parole et son geste. Il veut montrer qu'il ressent le poids du monde et qu'il est prêt à s'en charger. Une marée de drapeaux tricolores parcourt la salle de la première à la dernière rangée, comme la *ola* des matches de foot. Il salue sobrement ce public qui s'émerveille d'être encore là, à parler de victoire après avoir connu tant d'échecs. Le patron va les sauver en se sauvant lui-même, ils en sont sûrs, alors ils crient son nom : « Macron, Macron, Macron président ! »

Et lui presque encombré, presque modeste, dépassé par la marée qui monte, sourit mais réclame le silence. En 2016 et 2017, il levait les bras au ciel dans un *V* de la victoire qui promettait de renverser l'Himalaya. Cinq ans plus tard, le *V* s'est inversé, les poings ne se dressent plus mais les mains s'ouvrent en direction du public dans un geste d'apaisement, comme un appel au calme. « Merci, merci, semble-t-il dire, mais l'heure est grave, maîtrisons-nous, ne nous laissons pas griser. »

Il commence quand le silence est redescendu sur la salle. Une longue respiration :

— Mes amis. Souvenons-nous pour ne pas nous répéter. Il y a cinq ans, nous voulions réinventer le monde et nous avions raison. Mais aujourd'hui les temps ont changé. Il faut le reconstruire. Je suis souvent venu à Amiens… Amiens ma ville !

Applaudissements.

— J'ai affronté le populisme de l'extrême gauche, en la personne d'un candidat qui se prend pour la République…

Rires et applaudissements.

— … ici représenté par un député tapageur qui confond l'activisme et la danse de Saint-Guy.

Rires et acclamations.

— Et j'ai affronté le populisme de l'extrême droite, qui rejoint l'autre ! Entre deux tours de la présidentielle de mai 2017, j'ai rencontré les salariés de Whirlpool, qu'une candidate avait chauffés à blanc, dans l'espoir d'y cuire sa petite cuisine, et accessoirement de me carboniser. Vous connaissez la suite. Vous vous souvenez du débat ! Le populisme d'extrême droite et le populisme d'extrême gauche n'ont cessé de s'agiter pendant que nous, nous étions au travail. Ils ont soufflé sur les braises, et nous avons éteint les incendies ! Aujourd'hui, ces deux extrêmes sont encore là. L'une est candidate de père en fille, sans parler de la nièce, depuis l'époque où le papa fréquentait les gens qui rêvaient d'assassiner le général de Gaulle. L'autre est un candidat perpétuel ! Une espèce d'Immortel du suffrage universel ! Cinquante ans qu'il candidate à tout ! Premier mandat de sénateur en 1986 ! Une carrière à l'abri de la Ve République, bien au chaud, bien rémunérée, mais un discours qui réclame la VIe. Ces permanents du système se présentent comme des antisystèmes ! Ces rentiers de l'argent public m'accusent d'avoir été le président des riches ! Un demi-siècle qu'ils occupent le paysage, et ils seraient l'incarnation du changement ? Ils nagent dans le formol et promettent le grand large… Comment les croire ? Face à ces populistes, nous sommes le seul rempart ! Le seul !

Ovation de deux minutes, « Macron président, Macron président ! », mais lui ne s'emballe pas. S'il sourit c'est à peine, il hoche la tête d'un air faussement catastrophé, il tend ses paumes ouvertes en les abaissant comme on fait signe à une voiture de réduire sa vitesse…

Devant sa télévision, Jonathan Guémas n'en croit ni ses yeux ni ses oreilles. Depuis une semaine, le patron le tanne à toute heure de la nuit et du jour pour écrire un discours parfait. Il lui envoie dix idées à la minute par texto, entre deux coups de fil, le houspille puis l'encourage. Il lui dit que tel mot ne convient pas, tel paragraphe est à revoir, qu'il faut recommencer. Macron, qui ne dort jamais, met la pression vingt-quatre heures sur vingt-quatre pour obtenir des notes dont il ne tient pas compte. Il y a trois heures, il a demandé de muscler l'introduction et la conclusion de son discours, et s'est félicité de la rédaction finale. Et puis là, à la tribune, pas un mot, pas une formule, pas une seule expression n'a été retenue ! Comme d'habitude le patron a tout changé, tout improvisé, au point que le conseiller exaspéré ne sait plus s'il doit en rire ou signer sa démission. Il est ainsi avec ses collaborateurs, le président. Il les écoute beaucoup mais les entend quand ça lui chante. Il fait confiance à son équipe mais ne croit qu'en lui-même. Il en appelle à l'intelligence collective mais ne se fie qu'à son grand nez.

Cette agressivité dans le discours d'Amiens n'avait pas été prévue. Les mots lui sont venus des profondeurs. Cinq ans qu'il se retient. On lui reproche assez de ne pas se contrôler quand il répond du tac au tac, « les Gaulois réfractaires au changement », « le pognon de dingue », « les fainéants et les cyniques », « les gens qui ne sont rien », « la meilleure façon de se payer un costard c'est de travailler », les « illettrées de Gad », les « soixante millions de procureurs », il s'en est excusé sans parvenir à éviter la rechute. Mais à présent, au seuil de cette campagne, il n'est plus LE président ! Il est le « candidat sortant », comme avait dit fielleusement François Mitterrand en 1981 à propos de Valéry Giscard d'Estaing. Les coups vont pleuvoir sur lui, venus de droite et de gauche en passant par le centre, alors il s'en donne à cœur joie. Puisqu'il est attaqué sur sa personne, il rendra coup pour coup. Ses adversaires l'accusent d'être le « commis des banquiers » ? Il les présente comme des « nantis du financement public », nourris et logés depuis des lustres aux frais du contribuable ! Ils promettent le renouveau ? Il les traite de vieux d'la vieille ! Il sort la Grosse Bertha et il aime ça. Lui qu'on dépeint comme un requin dépourvu d'affect, il se transforme en « petit taureau », au grand bonheur de l'assistance, dans cet auditorium du parc Mégacité d'Amiens.

Les coups pleuvent sur Le Pen et Mélenchon, mais pas seulement. Jadot, le troisième homme, a droit à sa volée :

— Il veut sauver la planète, Yannick Jadot, bravo et merci à lui, mais qu'il commence par son jardin ! Il en est où avec son ami Piolle, qui préfère Mélenchon ? Il choisit la laïcité ou les horaires aménagés dans des piscines de Grenoble pour séparer les hommes et les femmes ?

Pourtant, les commentateurs constatent une contradiction. Si la forme s'est durcie, le fond s'est adouci, notamment sur les réformes économiques. Désormais, l'ambitieux du printemps 2017, qui voulait réveiller la France quitte à la secouer, a mis du Lexomil dans son programme. Le pays a trop souffert pendant cinq ans, explique-t-il, pour se voir imposer de nouvelles épreuves. La France aspire à retrouver la paix. Elle a besoin de souffler. Elle a connu les attentats, les menaces de séparatisme, la violence dans la rue, et pour finir la Covid et son cortège de licenciements, « au moment où les réformes commençaient à réduire le chômage ». Le temps est donc venu de réparer, de rassurer, de rassembler, plutôt que de se lancer dans des changements hasardeux et coûteux.

Ainsi, même s'il s'en défend, même s'il affirme qu'il ira au bout des « nécessaires adaptations » – à commencer par la réforme des retraites –, le Macron 2022 s'installe dans une posture prudente, voire conservatrice, à l'image du François Mitterrand de 1988, après le fracas de la cohabitation avec Chirac. « Ni privatisations ni nationalisations », avait lancé l'homme qui voulait « changer la vie » sept ans plus tôt. « Ni accélération ni ralentissement », proclame Emmanuel Macron millésime 2022. Il se présente comme la stabilité. « Avec moi vous éviterez les aventures, vous saurez où vous allez », semble-t-il dire entre les mots. Son programme se résume désormais à deux concepts : « achèvement » et « consolidation ». Il les prononce comme un mantra, les décline, les développe, et devant son écran le conseiller Guémas se sent un peu moins inutile : il reconnaît enfin ses formules.

S'il parle moins d'économie qu'en 2017, Emmanuel Macron se montre combatif sur trois domaines, qui pour lui se rejoignent : d'abord la guerre contre le terrorisme islamiste, relancée depuis un an par une série d'attentats « de faible intensité », comme disent les services secrets, mais qui entretiennent la peur. Ensuite, la lutte contre l'immigration clandestine. Enfin, la bataille pour la sécurité au quotidien. Contrairement à 2017, il fait le lien entre insécurité, immigration, et terrorisme, et cela crée le scandale. Il dit clairement à la tribune que l'immigration clandestine, en installant des populations incontrôlables, à l'existence nécessairement précaire, peut favoriser des incivilités et, pire encore, des radicalisations. Ce discours est fortement applaudi par certains de ses partisans, mais critiqué par d'autres, jusque dans sa majorité, et il provoque depuis des mois de violentes critiques à gauche et dans les ONG, qui l'accusent de nourrir l'extrême droite en prétendant la combattre.

Le meeting s'est achevé sur une *Marseillaise* vibrante, chantée par une salle avide de revanche face à un candidat qui se veut apaisé, main posée sur le cœur, à l'américaine. Une heure plus tard, Jonathan Guémas, qui est rentré chez lui et s'apprête à se coucher, reçoit un appel sur son portable. C'est le président. Il est bientôt minuit, le conseiller a sommeil, il s'interroge sur son avenir. A-t-il envie de se lancer dans une campagne épuisante ou va-t-il faire fructifier son capital dans une société privée ? Il n'a pas le temps de répondre :

— Bonsoir, Jonathan, vous avez vu mon meeting ?

— Bien sûr, monsieur le président.

— Et alors ?

— Alors je crois que c'était un bon discours.

— J'ai un peu improvisé, vous avez remarqué ?

— Un peu, oui… J'ai noté…

— Ce n'est pas le tout. Il faut maintenant penser à la prochaine étape. Si je vous rappelle dans une petite heure, sur l'autoroute, ça vous dirait qu'on commence à travailler dessus ? J'ai deux ou trois idées qu'il faudrait mettre en chantier…

— Bien sûr, monsieur le président, bien sûr, j'attends votre appel…

Il raccroche et ne sait plus s'il doit être fier ou furieux.

MOMENT LE PEN OU MÉLENCHON ?

Jeudi 3 mars, 8 h 15, La Celle-Saint-Cloud, chez Marine Le Pen

Dans cinq minutes, le petit dernier de la couvée, l'éclopé des régionales, Jordan Bardella, sera reçu par Léa Salamé et Nicolas Demorand, dans le grand entretien de la matinale de France Inter, pour commenter l'entrée en campagne d'Emmanuel Macron. Dans sa maison de La Celle-Saint-Cloud, Marine Le Pen attend le début de l'émission en se séchant les cheveux face au miroir de la salle de bains, et elle est de mauvaise humeur.

D'abord, plus elle vieillit et plus elle ressemble à son père, et ça la contrarie. Décidément, le passé lui prend la tête. Le journaliste Renaud Dély l'avait noté dès les premières lignes de la biographie qu'il lui a consacrée en 2017 (*Une bobo chez les fachos*), mais là, cinq ans après, le fantôme lui saute aux yeux. Dans sa vie personnelle, elle sait pourtant tourner les pages : elle s'est séparée du père de ses trois enfants en 2000, puis de son second mari en 2006, puis en 2019 de Louis Aliot, avec qui elle vivait depuis dix ans. Idem sur le plan politique, elle manie sans état d'âme le sécateur et la greffe : elle a coupé le cordon avec les amis de Bruno Mégret en 1998, puis les a réintégrés quelques années plus tard, au grand scandale des lepénistes historiques dont elle était issue, et les écarte désormais dès lors qu'ils frayent avec sa nièce, cette pimbêche qu'elle a élevée quand elle était petite, et qu'elle ne supporte plus. Toute une carrière à larguer les amarres – mais son père lui colle aux basques. Elle l'a sorti par la porte, il lui revient par la figure.

Ce qui l'agace aussi, ce matin, c'est ce qu'elle appelle « la petite bande de faux derches actionnée par Marion Maréchal, la sainte Thérèse de Lisieux de la droite calotine ». Avec Marion, les choses se sont gâtées après 2012, quand la jeune Carpentrassienne est devenue l'une des deux députés du Front national, avec le Camarguais de Marseille, Gilbert Collard. La tante et la nièce sont issues du même moule, mais pas taillées dans le même bois. Marine est pénétrée de politique au sens du rapport de force, alors que Marion est pétrie d'idéologie. L'une est ondoyante, et l'autre plus rigide. La cohabitation entre elles deux s'est bien passée, jusqu'au jour où Marine a été invitée à l'Élysée par François Hollande en tant que chef de parti. Elle s'y est rendue avec son préféré de l'époque, Florian Philippot, qui n'avait aucune fonction officielle, et pas avec Marion Maréchal ni Gilbert Collard, qui étaient ses députés. La plus jeune en a pris ombrage, la rancœur s'est ajoutée aux divergences, le mauvais résultat des élections régionales n'a fait qu'envenimer la brouille, et les chemins n'ont cessé de s'éloigner à l'approche de la présidentielle.

À quelques semaines de l'élection majeure de 2022, le défi, pour la candidate, est d'affronter sa nièce sans l'affronter, sous peine de rappeler aux électeurs que le Rassemblement national est d'abord une embrouille de famille. Et si elle s'énerve après son entourage, c'est que la veille au soir, Nicolas Bay l'a contactée au téléphone, tout miel, dès la fin du meeting de Macron, pour lui adresser ses recommandations : « Il faut durcir votre discours sur l'islam, sur l'insécurité, sur les racines chrétiennes, sinon il nous mangera la laine sur le dos. » Ah, l'aimable conseilleur ! Il a même proposé de remplacer Jordan Bardella sur France Inter le lendemain matin, si elle le jugeait utile. Pour ne pas faire d'histoire, elle a répondu qu'elle n'avait pas la main sur le choix des invités dans les matinales radio, et l'autre a répondu « bien sûr, bien sûr » – mais cet appel lui a rappelé qu'ils ne la lâcheront plus, ni pendant la campagne ni après, qu'elle ait gagné ou perdu. Ses opposants internes ne cesseront jamais de réclamer qu'on lave plus blanc, comme tous les extrémistes ! La grande lessive ! La pureté !

Nicolas Bay, elle aurait mieux fait de se pendre plutôt que de le repêcher en 2009, et pire encore, d'en avoir fait son porte-parole en 2012. Elle est convaincue qu'il lui savonne la planche depuis qu'elle a promu Jordan Bardella lors des européennes, alors qu'il lorgnait la tête de liste. Elle l'a éjecté de la commission d'investiture pendant l'été 2020, avec l'autre rigolo de Gilbert Collard (celui-là, elle en dit le plus grand mal, mais elle l'aime bien quand même…), et voilà qu'il lui donne des cours d'identité ! *L'identité des culs bénis*, enrage la candidate qui combat les positions des « tradis », qu'elle juge *ringardes* sur le mariage homo, l'avortement, l'adoption, autant de sujets où elle se sent en phase avec la droite moderne du XXIe siècle !

Trop tard pour virer cette bande, comme elle l'a fait sans états d'âme avec tant d'autres. À deux mois du premier tour, les sondages sont plutôt favorables et des remous internes brouilleraient l'image qu'elle s'efforce de donner aux Français : une gestionnaire sérieuse et pondérée, mûrie depuis les dérapages brouillons de 2017, entourée d'une équipe d'élus locaux aguerris, Steeve Briois, le maire d'Hénin-Beaumont, Bruno Bilde, son adjoint, David Rachline, le maire de Fréjus…

Quand elle se met en colère, ce qui arrive souvent, Marine Le Pen ne jure pas seulement comme un charretier, elle s'en prend à la terre entière. Elle rabroue ses amis et menace ses ennemis. On la dit parano, elle se croit réaliste. Il faut dire qu'elle a du mal à faire le tri entre les traîtres et les fidèles, tant son entourage est garni de gens qui furent l'un et puis l'autre, ou les deux en même temps. De son intouchable père en passant par Nicolas Bay, Sophie Montel ou encore Florian Philippot, on ne compte plus les chouchous devenus des tricards.

Au fond, sa seule faiblesse au long cours, c'est Louis Aliot. Avec lui, la vie privée s'est mêlée à l'action politique. « Elle l'a aimé profondément », raconte un couple de ses proches, chez qui elle a passé du temps. Quand elle parlait de lui, elle disait « C'est avec Louis que je veux vieillir », et quand il l'a quittée, elle a beaucoup souffert. Jusque-là, elle le tenait à distance de la direction du Front national, pour ne pas qu'on l'accuse de mélanger son couple et son parti. Mais quand il est parti avec une jeune artiste-peintre, elle a accepté qu'il occupe des fonctions de plus en plus importantes, jusqu'à devenir le véritable patron des députés. « En fait, elle ne s'est pas consolée. Elle fait ça pour qu'il se rapproche d'elle, à défaut de le récupérer », confie l'épouse de l'un de ses parlementaires.

Épisode sentimental au sein d'un système qui s'organise autour d'un chef, de ses emballements, de ses retournements, de ses intuitions, de ses retours de flamme, de ses faveurs et défaveurs, plutôt qu'autour des idées. Force est de constater que cette patronne évolutive, qui fait peur à tout le monde, mais que beaucoup trouvent « émouvante » à l'intérieur du parti, a cependant une constance : elle éprouve un gros penchant pour les autocrates. De la Russie de Vladimir Poutine à la Syrie de Bachar al-Assad, en passant, jusqu'à la parodie, par le Washington de Donald Trump, l'ancien président des États-Unis, elle soutient les hommes forts, comme papa.

Vers minuit, au moment où elle allait se réfugier sous la couette avec les nounours que sont ses chats Kerhillio, Jazz ou Gavroche, son portable a sonné. Un message de Nicolas Dupont-Aignan : « Je peux t'appeler ? » Dupont-Aignan, ça va de soi, elle le prend pour un trublion, un Ramsès d'Offenbach qui prend son bac à sable pour le palais d'Abou Simbel. Mais comme elle prône « le rassemblement » et qu'ils ont déjà fait affaire en 2017, comme il existe avec ses 6 % et qu'elle l'invite depuis 2020 à la rejoindre pour ne pas éparpiller leurs voix, elle se dit qu'on ne sait jamais. Peut-être que le discours d'Emmanuel Macron, qu'elle juge excellent dans la forme, l'aura convaincu de s'unir dès le premier tour, donc d'envisager le retrait de sa candidature. Elle a répondu à son texto : « OK, tu me prends au vol, j'allais me coucher, mais appelle-moi si c'est important. »

Il a rappelé dans la seconde.

— Bonsoir, Marine.

— Bonsoir, Nicolas, qu'est-ce qui t'amène à cette heure-ci ?

— Tu as vu le discours de Macron ?

— Ouais.

— Et alors ?

— Alors quoi ?

— Alors tu l'as trouvé comment ?

— Très bon sur la forme. Très doux sur l'économie, il ne parlera plus de réformes, mais très eurolâtre, et très dur sur l'islamisme et l'ordre en général. Comme prévu, il se pose en rempart contre moi.

— Justement, Marine, justement…

— Justement quoi ?

— Tu pourras faire ce que tu voudras, tu resteras la fille de ton père. Tu ne te dédiaboliseras pas. Tu es la fille du diable. Tu t'appelles Marine Le Pen et ça te colle à la peau.

— C'est pour ça que tu m'appelles à cette heure-ci ?

— Non. Je t'appelle pour coincer Macron. Pour lui retirer son argument. Ne me réponds pas tout de suite, mais réfléchis : tu sais bien qu'entre toi et moi, sur le programme, il n'y a pas une feuille de papier à cigarette. Imagine que tu me rejoignes en retirant ta candidature : à tous les deux on ferait 35 % au premier tour… Moi, président qui rassure, et toi à

Matignon pour cinq ans, avec un contrat passé devant les électeurs.

Elle rit de son rire de docker, celui dont elle abuse à la télé pour cacher ses colères ou retenir ses jurons. Un gros rire qui se prétend joyeux, mais là, tout de suite, elle regrette de ne pas pouvoir envoyer le téléphone à la figure de ce crétin…

— Ha ! ha ! ha ! Merci, Nicolas ! Au moins, tu m'as bien amusée ! Quand je serai emmerdée, je penserai à ta proposition, ça me mettra de bonne humeur ! Allez, bonne nuit, et continue de faire de beaux rêves !

8 h 20, studios de France Inter

Jordan Bardella déroule les éléments de langage dictés par sa patronne, avec le ton du bon élève qui prend de haut ses professeurs. Sa déconvenue aux régionales en Île-de-France n'a pas assoupli sa raideur cérémonieuse de maître d'hôtel. Il cogne à bras raccourcis sur « la prétention du candidat Macron par ailleurs président en faillite à jouer les rassembleurs au bout d'un quinquennat de divisions ». Et comme Demorand lui objecte, sondage Ifop à l'appui, que, pour les électeurs, le président est bel et bien le seul qui puisse faire barrage aux extrémistes, Bardella se raidit, en lâchant une formule toute prête, ciselée la veille au soir :

— Un barrage contre du vent mais une passoire aux frontières. Et je vous rappelle que nous, avec Marine Le Pen, nous ne sommes pas des extrémistes, nous sommes le peuple. En fait, si Emmanuel Macron est un rempart, il est le rempart de la finance contre le peuple. Un rempart contre les Français, voilà la vérité.

Depuis son coup d'arrêt aux régionales, le RN a un peu durci le ton pour revenir aux sources, mais conservé l'ancrage économique et souverainiste voulu par la patronne. On dirait parfois du Mélenchon. Bardella est si content de sa petite phrase qu'il se redresse sur sa chaise, droit, nuque penchée, comme s'il portait un lourd plateau.

Il faut dire que ce matin la presse n'est pas tendre avec le président-candidat descendu de l'Élysée, et que la lecture des commentaires a dopé Bardella dans le taxi qui le menait vers le quai Kennedy. Les éditos, souvent sévères, ont d'ailleurs donné des ailes à tous les opposants invités dans les matinales des radios et des télés.

Dans son « Contre-point » du *Figaro*, sous le titre « Macron : le borgne et les aveugles », Guillaume Tabard ironise par exemple sur « ce Mitterrand modèle 88 qui promet d'unir la France mais commence par bastonner ses oppositions », et conclut par cette image : « Face à une opposition souvent faible et toujours divisée, ce président sans cap a quand même un objectif : au royaume des aveugles, devenir le roi des borgnes. Quel programme ! »

Dans *Libération*, Alexandra Schwartzbrod, la directrice adjointe de la rédaction, parle d'une « présidentielle de rattrapage » et termine par ces mots : « Un programme au souffle court, avant tout défensif, mais déroulé sur le mode agressif. En guise de renouveau, Emmanuel Macron nous sert une resucée gaulliste : "C'est moi ou le chaos !" »

En page deux du *Monde* du jeudi après-midi, Françoise Fressoz signe un éditorial qui deviendra fameux. Presque aussi célèbre que celui de Pierre

Viansson-Ponté écrit à la veille des événements de mai 1968, le 15 mars de cette année-là, dans le même journal : « La France s'ennuie. »

Fressoz passe d'abord en revue l'état des forces de la présidentielle 2022 :

« Jean-Luc Mélenchon est une bête de scène, mais il a un handicap : on le connaît trop, de sa rondeur à ses coups de gueule, de son talent à ses ficelles. Même s'il a choisi cette année de ronronner plutôt que de griffer, le vieux matou ne surprend plus. Et puis, il est si seul. À force d'enfermement et d'exclusions, l'équipe dirigeante de La France insoumise s'est réduite à un seul. Lui-même et ses adorateurs. Mélenchon est solide sur son astéroïde, mais il a peu de chances de le changer en planète.

« Les écologistes, qui n'ont rien démontré aux régionales de juin 2021, sont minés par des divisions fondamentales loin de se réduire à des questions de personnes. Ils diffèrent sur leur vision du monde. Ils sont portés par la vague écologiste qui déferle sur la France autant que sur le monde, mais leur mayonnaise est instable car elle est composite. Un coup trop verte, un coup trop rouge. Leur élection primaire a mal départagé Yannick Jadot et Éric Piolle, qui sont aussi solidaires l'un avec l'autre qu'ont pu l'être Benoît Hamon et Manuel Valls après janvier 2017, l'un rêvant d'une union de la gauche et du centre, et l'autre louchant vers Jean-Luc Mélenchon.

« À droite enfin, l'ancienne UMP, devenue Les Républicains par la volonté de Nicolas Sarkozy, reste minée par la guerre des prétendants. Xavier Bertrand est le candidat désigné par LR, mais Valérie Pécresse traîne des pieds et Rachida Dati vient de claquer la porte. Quant à Laurent Wauquiez, épaulé par Bruno Retailleau, il rêve d'un destin à la Thierry Mariani, l'homme de Provence et de Moscou, qui lutta contre Jean-Marie Le Pen jusqu'au jour où il croisa sa fille.

« À ce jeu, les finalistes du second tour paraissent tout désignés. Marine Le Pen est capable de rassembler 25 % des voix, c'est plus qu'assez pour se qualifier, et Emmanuel Macron, dont les troupes sont régulièrement battues dans les élections locales, peut espérer 20 %, ce qui peut suffire pour l'emporter au second tour.

Cette revue des forces en présence n'a rien de réjouissant pour l'avenir de la République. À court terme, une victoire paradoxale se dessine pour le président sortant, qui lançait sa campagne hier soir à Amiens, au bout d'un quinquennat d'épreuves, de doutes, de rejets et de faible popularité. »

L'éditorialiste en arrive alors à sa conclusion, et c'est comme une prédiction : « Le président sortant peut gagner en incarnant l'ultime barrage à l'extrême droite, mais que lui restera-t-il entre les mains ? Un sceptre ou une défaite en devenir ? »

Trois mois et demi plus tard, une fois connu le résultat des élections législatives, cette analyse paraîtra visionnaire.

Studios de BFM

De l'autre côté de la Seine, Jean-Luc Mélenchon est l'invité de Jean-Jacques Bourdin. Les deux hommes se connaissent et s'apprécient sans s'épargner, comme des boxeurs. Un vieux couple, en quelque sorte. Il y a longtemps que les questions frontales du journaliste ne dérangent plus le candidat ni que les ruses, malices, ronronnements ou rugissements du vieux roublard n'impressionnent plus le routier de l'information. Ce matin, Mélenchon a mis ses tempêtes en veilleuse et adopte un style plutôt Calimero. C'est sa tenue camouflage. On l'accuse d'être autocrate, il confie sa fatigue. On lui reproche d'être obsédé par lui-même, il se plaint de son emploi du temps. On fustige ses invectives, il cite Sénèque et Platon. Il souffrirait d'ingratitude : il trime pour le bonheur des gens et on le persécute. À ce pépère du Sud, on a envie de crier « Peuchère ! ».

Le Mélenchon nouveau regrette la dureté de la campagne électorale. S'il ne tenait qu'à lui, il n'aurait pas été candidat, mais il a un devoir. Le peuple s'est massivement levé à l'automne 2020, en cliquant deux cent mille fois pour approuver sa candidature, c'est dire ! La cruauté de ses adversaires, et souvent celle des médias, lui donne envie de raccrocher, mais il se sent comme obligé. Depuis 2017, il a subi des défaites en série, mais c'est à cause de l'abstention. Il a entendu le discours du président l'avant-veille, et il exprime au micro son déplaisir d'avoir été « traité d'extrémiste par le représentant des banques » et surtout comparé à Marine Le Pen « par l'homme qui la promeut pour se perpétuer ».

Bourdin ne se laisse pas endormir et lui demande s'il a lu l'édito de Françoise Fressoz, qui le décrit comme un homme seul, réduit à lui-même « à force d'enfermement, d'exclusions, et d'adorateurs ». Mélenchon commence par hausser les épaules et répond sur le ton du vieux sage bardé de cicatrices :

— Oh… On ne peut pas en vouloir à cette dame. Elle fait son petit frichti… Elle régale les milliardaires qui la nourrissent, Matthieu Pigasse et Xavier Niel. Ils ont si peur de ce que je suis. Je suis le tribun du peuple. L'immense rassemblement qui me porte et que je sers humblement les terrorise, alors ils décrètent que je suis seul. Ça les rassure…

Mais Bourdin ne lâche pas prise :

— Vous ne pouvez pas nier que beaucoup de vos anciens amis vous ont quitté, ou ont été virés sans état d'âme de La France insoumise.

— Ah, Bourdin, vous aussi vous montez au créneau ! Forcément…

Il rigole de la bonne blague qu'il s'apprête à balancer, reprend son souffle, et use de sa botte de Nevers :

— Votre milliardaire à vous, Bourdin, il s'appelle comment déjà ? Ah oui, Patrick Drahi, si je suis bien informé… Ça ne vous interroge pas, ces neuf milliardaires qui possèdent tous les médias, dont le vôtre ?

— Vous éludez ma question, Jean-Luc Mélenchon… Est-ce que oui ou non la machine à exclusion a tourné à plein régime, chez vous, après les européennes ?

— C'est faux. Je suis soutenu par La France insoumise, et par tous ceux qui nous rejoignent.

— Bon. Je vais vous rafraîchir la mémoire… En 2018, vous avez banni l'un de vos cadres, François Coq, sur un simple tweet, à la Trump, parce qu'il vous critiquait. Puis Lilian Guelfi, membre de votre comité électoral, est parti en dénonçant un tirage au sort bidon qui ne désignait que vos proches dans cette instance. Et l'économiste Liêm Hoang-Ngoc, et votre ancien conseiller aux affaires internationales, Djordje Kuzmanović qui a rejoint Marine Le Pen, et Charlotte

Girard, si populaires auprès de vos militants. Ils sont tous partis en dénonçant le manque de démocratie. Charlotte Girard, la compagne de votre ami le plus proche, François Delapierre, brutalement décédé en 2015 ! Et Le Média ! Voulez-vous qu'on parle de votre chaîne de télé, cette pétaudière qui devait donner des leçons de liberté à la presse du monde entier, et qui a implosé dans des règlements de compte ?

Jean-Luc Mélenchon ne se crispe pas. Il écoute en secouant la tête, d'un air désabusé.

— Ah, monsieur Bourdin, je vois avec tristesse que vous puisez vos sources dans ce que produit la ligue du harcèlement médiatique. Vous voulez me placer sous le coulis de cette bouche d'égout que sont certaines rubriques du *Monde*, vouées aux provocations contre notre mouvement ? Continuez si ça vous chante, moi j'ai à faire.

Sans se départir de son sourire, il reprend alors le couplet sur « la haine et la méchanceté » dont il serait l'objet. « Méchanceté », ce mot presque enfantin revient dans la bouche de ce fauve qui joue les philosophes maudits. La séquence ravageuse du chef de meute mégalomaniaque, débordé par sa colère un jour de perquisition, et hurlant « La République, c'est moi ! » le poursuit à chaque pas, il le sait, mais pendant cette campagne il veille à dédramatiser ce dérapage. Il ne s'emporte plus. Fini le temps où il disait à son groupe parlementaire, en février 2018 : « Il faut taper tout le temps, et tant pis si on n'est pas des proposants. » Oubliée, l'époque où il considérait que « la caste médiatique est pourrie jusqu'à la moelle ». Aujourd'hui, quand il est invité dans un média, il donne du « Madame » et du « Monsieur » long comme le bras à celle ou celui qui lui rappelle son passé, et s'exprime sans agressivité, avec hauteur, dans un langage enrichi de citations.

Ce registre qui oscille entre celui du vieux sage lettré et du brave type sans chichi, un peu brut de décoffrage, il le pratique avec application. En novembre 2020, par exemple, après avoir annoncé sa candidature sur TF1, il a organisé dans la foulée une rencontre en direct sur Facebook, avec le public qui le souhaitait, pour prolonger « la rencontre avec le peuple ». Il avait tombé la veste et répondait aux questions en dînant, et lorsqu'un internaute lui a demandé ce qu'il avait dans son assiette, il a pris un air gêné : « Oh… pas grand-chose… Quelques légumes… Et… et du poulpe, la pauvre bête ! » Tout était dit. En 2020, le cœur du grand Mélenchon saignait même pour un calmar !

Cette transformation du député-tempête en candidat-tout-miel n'a pas été facile à gérer. D'abord, elle lui échappe de temps en temps, et l'atrabilaire Dr Jekyll réapparaît sous Mr Hyde le zen. Ensuite, avoir du charisme est un atout qui peut tourner au handicap. Difficile de se faire oublier quand on est inoubliable, et Mélenchon a laissé derrière lui un long sillage de coups d'éclat : en juillet 2017, il a lancé une prédiction au Premier ministre Édouard Philippe : « Le sol se dérobera bientôt sous vos pieds. » La terre ne s'est pas ouverte. En décembre 2019, il a vu dans les gilets jaunes un retour de 1789, dont la puissance confirmait son message et démonétisait le reste de la gauche, des socialistes à la CGT. Il a lancé un appel à l'immense armée de Drouet, Rodriguez et Fly Rider pour « mettre une raclée à Macron », et a pris la rouste à sa place. Un peu plus tard, à Marseille, il a mis le président au défi : « Si Macron prend une bâche aux européennes, par dignité il pourrait partir. » C'est lui qui a fait naufrage, mais au lendemain de sa défaite, la « dignité » l'a conduit à verrouiller son mouvement pour en demeurer le Che.

Ces hauts faits collent aux basques du candidat désormais rassembleur, de même que ses oscillations sur l'« islamophobie ». Depuis les attentats sauvages contre l'enseignant de Conflans-Sainte-Honorine, puis trois fidèles de la basilique Notre-Dame-de-l'Assomption de Nice, Mélenchon est sur la défensive. En novembre 2015 il écrivait : « Je conteste le terme d'islamophobie, quoique je le comprenne. Moi, je défends l'idée qu'on a le droit de ne pas aimer l'islam, on a le droit de ne pas aimer la religion catholique et que cela fait partie de nos libertés… » En 2021, il estimait que « le mot "islamophobie" n'est pas si inadapté car il y a dans ce pays une haine des musulmans déguisée en laïcité ».

Mais au-delà de la boursouflure ou des contradictions, il a du souffle et du talent, donc il se maintient dans la cour des importants. À moins de deux mois du premier tour, sa cote oscille entre 12 et 15 %, ce qui est supérieur à ses scores de 2017, alors qu'il avait terminé à presque 20 %. Aussi ses partisans, toujours fervents, parient que le coup de reins du dernier mois sera décisif, et l'imaginent au second tour, élu à la troisième tentative, comme Chirac et Mitterrand !

Hélas pour eux, il y a un « mais ». En annonçant très tôt sa candidature, il espérait forcer la gauche et les écologistes à s'effacer derrière lui. Il s'est barricadé plutôt que de s'ouvrir. Il a considéré que toute alliance entre partis était une « tambouille électorale ». Il n'a pas ouvert les bras, il a serré les poings, et cogné sur chacun des partenaires dont il cherche aujourd'hui le soutien. À quelques semaines du second tour, cet admirateur de Mitterrand n'a aucune chance de réussir ce que son maître avait mené à bien : l'union de toutes les forces de gauche.

Et puis, tant d'eau a coulé sous les ponts. Depuis cinq ans, Jean-Luc Mélenchon a subi des échecs aux européennes, aux municipales, aux régionales, pendant qu'Europe Écologie a remporté des victoires spectaculaires à Lyon, Bordeaux, Strasbourg, Marseille, Poitiers, Besançon, Tours, sans parler de Grenoble confirmée. Certes, les régionales n'ont pas confirmé cette progression. Certes, la primaire écologiste a désigné un candidat sans lever les contradictions. Certes, on s'écharpe à qui mieux mieux : sur le vaccin, l'islam, la laïcité, l'union à gauche, l'union au centre, les réunions non mixtes... Certes, les alliances byzantines entortillent des rivalités de personnes déjà inextricables, dans des réseaux racinaires qui ne doivent rien aux arbres millénaires, mais la présence de Jadot, sa conviction de bon élève, et même ses incertitudes mêlées d'orgueil (il a « le melon », se moquent ses ennemis) confèrent à son discours un air de sincérité qui attire la sympathie. Et ça énerve Mélenchon.

Le patron de La France insoumise a toujours rejeté l'idée d'une élection primaire (autant demander au pape de se faire élire par des dames catéchistes...). Mais en ce printemps 2022, qu'il le veuille ou non, le premier tour de l'élection présidentielle équivaut à une primaire entre lui, les écologistes, et la social-démocratie en général. Qui qualifiera la gauche au second tour ? Qui convaincra les hésitants ? Qui fera peur et qui rassurera ? Eux ou lui ? Lui ou eux ? Faites vos jeux, rien ne va plus, à sept semaines du premier tour…

Il y a cinq ans, au même moment, Hamon s'était effondré et Mélenchon avait décollé. Il y a trois ans, lors des européennes, à la dernière minute, Jadot s'était envolé et Mélenchon s'était crashé.

Autant dire que les éditoriaux se passionnent pour cette primaire de fait, au sein d'une gauche dont le centre est partout et la circonférence nulle part, comme dirait Blaise Pascal. Après deux tentatives, Jean-Luc Mélenchon sera-t-il évincé ou consacré ? Après avoir rôdé depuis trente ans dans l'atmosphère, comme un fantôme, l'idée écologiste prendra-t-elle enfin corps dans une présidentielle ?

DERNIÈRES HEURES AVANT L'ORAGE

Dimanche 10 avril

Il fait beau sur la France, en ce matin du premier tour. Un temps propice à la pêche à la ligne, songent déjà ceux qui prédisent une forte abstention. Depuis 8 heures, les bureaux de vote sont ouverts. Les préposés aux flashes d'information dans les radios et les télés lancent des sujets d'ambiance : le vote d'Emmanuel et Brigitte Macron au Touquet, elle en rose et lui en bleu, Marine Le Pen sortant de l'isoloir, sourire automatique et pouce levé, Mélenchon qui fait son Droopy, Jadot qui promène son air détaché de Tintin mal réveillé, Xavier Bertrand, amidonné de componction épiscopale…

Les envoyés spéciaux sur le terrain tirent à la ligne, listant les incertitudes sur le taux de participation à la mi-journée : il était en 2017 de 28,4 % à 12 heures, ce qui était stable par rapport à 2012. La statistique est attendue dans les prochaines minutes… Ils meublent et sont enfin coupés par le présentateur de leur chaîne :

— Je vous interromps. Les chiffres viennent d'être publiés, nous allons tout de suite au ministère de l'Intérieur.

Là-bas, les reporters ont préparé leurs fiches, et ils disposent enfin d'un peu d'information pour limiter le remplissage :

— À midi, la participation est en baisse, elle plafonne à 25 %, c'est trois points et demi de moins qu'en 2017. Ce fléchissement moins affirmé que prévu pourrait être une donnée clé des résultats de ce soir. La question est maintenant de savoir qui sont les abstentionnistes, qui sont les électeurs qui se sont déplacés, quel candidat ou candidate sera avantagé, et quel autre en pâtira.

Et bla-bla-bla, et bla-bla-bla…

Même délayage à 17 heures, la baisse est confirmée mais reste modérée : 64,30 % contre 69,42 % en 2017, et 70,5 % en 2012.

La mitraille des chiffres ne s'arrêtera plus jusqu'à minuit. La tension monte dans les rédactions, et les premières rumeurs sur les tendances à la sortie des urnes commencent à circuler, sans qu'on sache si elles émanent d'un institut de sondage sérieux ou du doigt mouillé d'un groupe de militants fiévreux. Le hashtag #IciLondres a déjà repris du service et des anonymes en verve annoncent que « la Marine est coulée » ou que « la Marine va débarquer », que « Méluche a besoin de sa peluche » ou que « Janluk les anluk jusqu'à la garde », que « les Macronards sont au radar » ou que « Manu n'est pas tout nu ». En consultant son portable dans les studios de Franceinfo, Marc Fauvelle sourit et se dit qu'il ferait mieux d'aller prendre un café. Il se rend à la machine, discute une minute avec Yaël

Goosz, le chef du service politique de France Inter, qui se détend aussi, mais tous deux surveillent machinalement leur écran, des fois que…

— Ipsos n'a rien donné ?

— Pas avant 18 h 45… La fourchette de participation doit tomber d'ici une petite heure…

Depuis 2007, et même depuis 1995, l'élection présidentielle est une forme de catalyse dans laquelle un pays tout entier se donne au sauveur providentiel qu'il rejette dans la foulée. Plus le temps passe et plus le système se grippe. La fonction présidentielle reste l'objet de tous les fantasmes mais elle est travaillée par une espèce d'érosion, qui se traduit dans le public par la colère et la désillusion. La chronique se passionne encore pour l'Élysée, et traite cette élection comme si elle représentait la fin et le début de tout – d'ailleurs les vocations se sont multipliées dans le monde politique –, mais l'électeur est désabusé, et pire encore, de plus en plus sceptique. Et pourtant, le jour de cette élection, il vote encore. Cette participation doublée d'indifférence se lira-t-elle dans les résultats, et dans quel sens, c'est la question des tables rondes d'experts dans les studios télés, pendant qu'on se ronge les ongles dans les états-majors.

Depuis 1965, il y a deux classes de candidats. Les grands et les petits. Les appelés et les désignés. Les appelés sont des espèces de Jeanne d'Arc, ils ont entendu des voix qui leur disent que leur devoir est d'y aller. Ils ont un gros ego que les circonstances ont façonné, et concourent en leur nom, à la première personne : Macron, Le Pen, Mélenchon sont des marques. Les autres sont soit des originaux qui passent pour des allumés, soit des produits d'appel envoyés par un parti, dont le nom et le prénom s'étalent sur des affiches. Par exemple un écologiste choisi par son mouvement, avec le soutien des socialistes, ou un candidat de droite qui a fini par obtenir l'investiture de son ancien parti. Contrairement aux appelés, qui s'imposent sans discussion, les désignés sont souvent sélectionnés dans la douleur et cela se ressent dans leur campagne.

À ces deux catégories s'ajoute une myriade de figures familières, disposant d'une place réservée à la grand-messe quinquennale, qui fut autrefois septennale : Nathalie Arthaud pour Lutte ouvrière, issue de la dynastie des Laguiller ; Philippe Poutou, de la branche Besancenot ; Jean Lassalle, candidat de la Lassallie et chanteur à l'Assemblée ; François Asselineau, qui s'accrochait à son pourcentage de voix comme Scrat, l'écureuil de *L'Âge de glace*, se cramponne à son gland – jusqu'au jour où il est tombé pour agression sexuelle... Ensemble ils ne pèsent pas grand-chose mais finissent par incarner une espèce de folklore.

Nicolas Dupont-Aignan est une figure à part. Il est cousin des grands appelés, puisqu'il se revendique de la fameuse rencontre entre un homme et un peuple, mais se rattache aux figurants qui font trois petits tours, trois petites voix, puis hibernent jusqu'à l'élection suivante. Sauf que lui s'agite en permanence. C'est un de Gaulle qui lancerait son appel du 18 juin trois cent soixante-cinq fois par an. Il a plafonné à 2 % en 2012, et n'a pas atteint les 5 % en 2017, mais comme il a fait l'événement en s'alliant à Marine Le Pen, avant de se fâcher puis de se rabibocher, puis de se refâcher, et comme les sondages le placent cette année aux alentours de 6 ou 7 %, il pourrait troubler le jeu, donc on l'invite sur les plateaux.

Cette élection présidentielle arrive au bout d'un été difficile et d'un hiver déboussolé. L'incroyable séisme provoqué en 2020 par le coronavirus s'est prolongé longtemps, malgré l'arrivée de plusieurs vaccins, comme si cette épidémie n'avait pas seulement frappé les corps mais aussi les esprits. On s'était trop habitué au défilé des sommités médicales et des épidémiologistes, expliquant à longueur d'émission qu'il fallait s'enfermer, ne pas sortir, ne pas embrasser ses enfants et petits-enfants, ne pas faire la fête, on avait trop appris à se méfier de tout, au nom du moindre risque, et même du zéro risque, pour faire confiance à un pouvoir politique affaibli. Les ministres ont eu beau assurer que la guerre était finie et qu'on pouvait sortir sans crainte, le public a eu des doutes, il s'est posé des questions.

Et si le vaccin était dangereux ? Et s'il n'était pas efficace ? Et si l'on restait contagieux ? Dès le réconfort de mai 2021, des reportages ont ravivé les inquiétudes en rapportant que telle personne vaccinée était victime d'étourdissements, de maux de tête, de fatigue, ou pire, que tel autre était mort de thrombose et que tel autre rechutait après deux injections. Une année de comptabilité virale avait nourri trop de fantasmes pour qu'on admette la réalité : adieu Covid, bonjour la vie… Au village sans prétention, comme aurait dit Brassens, la liberté d'aller et de venir avait mauvaise réputation. Elle était devenue une fille de joie, et la joie était coupable d'insouciance. L'hygiène publique faisait office de commandement numéro un sur les tablettes de la vertu : « Tu ne tueras point par contamination… » En 2021, des vaccins nous ont protégés du coronavirus mais pas de la peur de notre ombre, ni de l'ombre des autres. L'angoisse de la mort est restée un enjeu politique.

La bataille entre les « alarmistes » et les « rassuristes » s'est prolongée jusqu'à l'automne 2021 avec l'arrivée du variant Delta, d'autant plus furieuse que la menace s'éloignait et que le pouvoir médical refusait de lâcher prise, au nom de la prudence. Comme depuis le début de la crise, Emmanuel Macron a godillé entre les uns et les autres, un coup « je serre la vis », un coup « je desserre l'étau », un pas en avant deux pas en arrière, et ce tango a brouillé son message.

À cela s'est ajouté l'état de l'économie, les déficits à combler, la dette à rembourser, les bars et restaurants qui n'ont jamais franchi le cap des confinements, les commerces qui ne se sont pas relevés, les suicides de gens ruinés, l'aéronautique frappée de plein fouet, les manifestations de salariés d'Airbus à Toulouse, puis, un à un, de tous les secteurs malmenés par la crise d'après-Covid… De l'hiver à l'automne, la cigale hypocondriaque avait chanté le refrain de « la santé plutôt que l'économie », selon la formule du président de la République (« la santé, quoi qu'il en coûte »), mais l'addition était amère. On la payait sous forme d'impôts plus ou moins déguisés, de pauvreté, de dépression, en comprenant, mais un peu tard, qu'il n'y a pas de santé physique et morale sans échanges entre les gens, y compris commerciaux.

Dans ce contexte, le climat s'est tendu, entre l'aile droite de la majorité présidentielle, souvent venue des Républicains, par exemple Aurore Berger, Bruno Bonnell, Marie Guévenoux, Sylvain Maillard, et l'aile gauche, souvent issue du Parti socialiste : Brigitte Bourguignon, Sonia Krimi, Guillaume Chiche, Hugues Renson, sans parler des élus venus de l'écologie, comme Matthieu Orphelin. « Plus de rigueur », réclamaient les premiers, « plus de social », exigeaient les seconds, « plus d'écologie », martelaient les troisièmes. Un hiatus accentué par la peur qui n'a cessé de monter à l'approche des échéances.

Depuis les élections régionales qui ont vu, une fois encore, la déroute locale des troupes du président, La République en marche a le moral dans les chaussettes. Emmanuel Macron tient à peu près la route et peut envisager un second mandat, mais son armée s'est dégonflée comme un bonhomme Michelin. Dans leurs cauchemars, les parlementaires du parti majoritaire songent à l'hécatombe de leurs prédécesseurs du Parti socialiste, passés de trois cents députés à trente en une seule législature.

En ce 10 avril 2022, le principal atout de La République en marche reste la division de ses adversaires, gauche et droite parlementaires confondues. La droite hésite encore et toujours entre une opposition mesurée mais résolue aux sirènes d'Emmanuel Macron, et la tentation décomplexée d'une alliance avec Marine Le Pen. La gauche n'a toujours pas réglé « son sujet avec la République », comme l'a dit Anne Hidalgo en novembre 2020, c'est-à-dire clarifié son rapport à l'islam et l'islamisme.

Dans cette gauche, contrairement aux apparences, les divisions ne se résument pas à des rivalités de personnes. Elles sont profondément politiques. Malgré les apparences, de Mélenchon à Jadot, de Piolle à Taubira, d'Hidalgo à Hollande, de Royal à Montebourg, on ne s'est pas affronté pour le seul plaisir de devenir le chef du clan. Le clan n'existe plus. Jusqu'au dépôt des candidatures, on a fait comme si l'union avait encore un sens, mais elle n'était plus de saison. Certes, les sondages ont mesuré le poids des uns et des autres, comme au bon vieux temps de la gauche plurielle ; certes, des tribunes ont été publiées par *Le Monde* ou *Libération*, et signées par des associations, des artistes, des ONG, des universitaires ; certes, on a réclamé l'union sacrée pour éviter le face-à-face Macron-Le Pen, mais la cause était perdue d'avance : on ne réduit pas une fracture avec du scotch. Les gauches ont moins souffert de leurs concurrences que de leurs visions du monde. Elles sont écartelées par la question de la laïcité, et des minorités en général, tiraillées par des courants qui morcellent la plupart des écuries. Chacun s'est recroquevillé en accusant son partenaire potentiel de « dérive ». « Dérive islamogauchiste » contre « dérive islamophobe », « dérive anti-police » contre « dérive liberticide », « dérive anti-européenne » contre « dérive libérale », les rivalités de personnes ont crispé l'atmosphère mais pas tranché les nœuds gordiens.

Pour une certaine gauche, de Philippe Poutou à Nathalie Arthaud en passant par l'Unef, le voile islamique est un gage de féminisme, la lutte contre le terrorisme est forcément une guerre contre les musulmans, toute manifestation qui tourne mal est victime de violences policières, chaque discrimination est issue de la colonisation, une colonisation qui justifierait les réunions non mixtes, Noirs avec les Noirs, Arabes avec les Arabes, femmes avec les femmes. Indigénisme, études décoloniales, intersectionnalité, ces doctrines provoquent des schismes à tous les étages.

À La France insoumise ou à Europe Écologie, les « communautaristes » affrontent les « universalistes ». Mélenchon est contraint au grand écart tandis que les écolos oscillent entre Éric Piolle, sa police désarmée, ses horaires séparés pour les hommes et les femmes dans les piscines municipales, et Yannick Jadot, tendance laïcité républicaine et vaccination obligatoire, ce qui est un sacrilège pour les Verts antivax incarnés par Michèle Rivasi.

Le PS est moins atteint par ces débats. Il a perdu tant de forces, tant dérivé, tant connu d'échecs électoraux, qu'il ne parle plus que de « refondation ». Une foule de sommités a brandi son panache rose, désormais devenu vert. François Hollande, Ségolène Royal, Arnaud Montebourg, Anne Hidalgo, Olivier Faure, n'en jetez plus et finalement jetez-les tous ! Ils ont rêvé de candidature avant d'y renoncer faute de soutien. Finalement, l'appareil s'est rangé derrière Yannick Jadot, en échange d'un accord aux législatives : « La présidentielle contre des circonscriptions. » Accord paraphé et publié, même si du côté d'Europe Écologie la pilule est restée en travers de bien des gorges.

Les Républicains de Christian Jacob ne sont guère plus allants. Leur poids électoral est supérieur à celui des socialistes, mais ils sont pris entre deux feux. En ce 10 avril 2022, ils espèrent effacer le coup de massue européen du 18 mai 2019 (8,48 % pour la liste de François-Xavier Bellamy), et confirmer leur meilleure tenue aux régionales de 2021, mais ils ont perdu leur potion magique : jusqu'à Fillon, ils carburaient au « vote utile », et désormais c'est le président sortant qui se pose en recours entre « les gauchos et les fachos » à la manière d'André Malraux (« Entre les communistes et nous, il n'y a rien »). À l'époque, les ex de l'UMP ou du RPR érigeaient le Front national en repoussoir officiel, même si dans les villages, les villes et les régions, ce rejet était très relatif. Cette année, pendant toute la campagne, LR a marché sur des œufs, hésitant entre son centre, attiré par Macron, et sa droite, aimantée par Le Pen.

Entre le trop réac et le pas assez populaire, le discours de la droite classique a hésité. Finalement, à l'automne, le parti s'est résigné à désigner Xavier Bertrand. L'ancien ministre du Travail n'attendait que ce signal depuis son Colombey des Hauts-de-France. On a les de Gaulle qu'on peut... Longtemps le parti a espéré le retour de Nicolas Sarkozy, mais l'homme providentiel, handicapé par son échec humiliant à la primaire de 2016, puis bloqué par la longue liste de ses déboires judiciaires, a dû remballer ses rêves. Xavier Bertrand, fort de sondages honorables et d'une brillante réélection à la présidence des Hauts-de-France, s'est imposé comme le candidat du moindre mal, même si Rachida Dati ou Valérie Pécresse ont crié à la misogynie. On verra dans deux heures si les urnes ont apprécié.

La principale attente, et pour beaucoup la première angoisse, ne concerne donc ni la droite ni la gauche mais l'extrême droite. Presque tous les instituts, Odoxa, Ifop, BVA, CSA, Harris interactive, Ipsos, OpinionWay, placent Marine Le Pen en tête du premier tour (de 21 à 23 %), avec une légère avance sur Emmanuel Macron (de 20 à 22 %), même si, paradoxalement, le Rassemblement national paraît moins dominateur qu'il y a cinq ans.

En effet, la vague populiste est en retrait, en France comme dans le monde. Aux États-Unis, même avec soixante et onze millions d'électeurs, Donald Trump a été devancé par un candidat sans charisme, âgé de soixante-dix-huit ans, et il a quitté la Maison-Blanche après une comédie frisant la guignolade puis le coup d'État. Au Brésil, Bolsonaro a perdu les municipales et semble promis au même enfer des fanfarons. En Autriche, qui fut longtemps la terre d'élection d'une extrême droite flirtant avec les néonazis, les cousins politiques de Marine Le Pen ont été balayés. Aux Pays-Bas, ils sont en recul aussi.

Après les régionales, certains courants de l'extrême droite française se sont ouvertement demandé si le Rassemblement national n'avait pas raté le coche. La pression des ultras est devenue plus vive. Le 28 mars 2022, à deux semaines du premier tour, des responsables et des militants anonymes, authentifiés par la rédaction de *Valeurs actuelles*, ont même publié une tribune. Ils accusent Marine Le Pen de « se banaliser à force de se recentrer ». Pour ce collectif, la candidate s'est diluée. Ils citent Jean-Marie Le Pen dans leur conclusion : « Un Front gentil ça n'existe pas. Marine a tort de penser que c'est en rentrant dans le rang qu'on avance. »

Quand elle a lu ce texte, la candidate n'a pas retenu sa fureur : « Ce vieil aigri m'aura fait chier jusqu'au bord de la tombe… » Elle s'est aussi demandé si Marion n'était pas derrière ce « complot », elle qui l'avait déjà accusée, voici quelques années, de faire « du sous-Chevènement ou du sous-Mélenchon ». En public, fidèle à sa nouvelle image, elle a souri sans ricaner, et lâché une formule préparée très à l'avance : « On ne répond pas à une lettre anonyme, on la froisse et on la jette à la poubelle. Quand j'aurai gagné, ils se souviendront de moi. Ils me mangeront dans la main. »

Elle n'ignore pas qu'en cas d'échec, ce sera la curée – malheur aux vaincus –, mais se dit qu'en cas de victoire les critiques de vingt-trois heures cinquante-neuf deviendront les renforts de minuit une. Un bon score au premier tour déclenche toujours une dynamique, et rien n'indique que son refus des outrances ait désarçonné ses électeurs traditionnels. Au contraire. Lors des débats du premier tour, elle n'a pas commis d'écart, elle était plutôt pastel, et ses sondages n'en ont pas souffert.

Elle se dit qu'elle n'a pas besoin d'excès pour avoir l'air de s'imposer. « Les faits parlent pour moi », répète-t-elle à l'envi. De droite à gauche en passant par les médias, les grands thèmes de ses discours irriguent le débat public. C'est elle qui a donné le tempo de la campagne. D'autres attentats ont choqué la France, ponctués de *Allahu akbar*, d'autres faits divers ont renforcé le sentiment d'insécurité, d'autres migrants ont traversé les mers, d'autres maladresses du gouvernement ont posé la question de l'autorité. Or, l'autorité c'est elle, elle en est persuadée.

Il est maintenant 18 h 40. Pour les médias et les états-majors, les premières fourchettes devraient tomber dans les minutes qui viennent.

Elle songe à tout cela, Marine Le Pen, en ce 10 avril 2022. L'abstention n'est pas monumentale, même si la participation est en baisse, selon la prévision d'Ipsos et Odoxa divulguée à 18 h 30. Elle se convainc que ses partisans sont les plus motivés et qu'ils sont allés voter.

Quant à Emmanuel Macron, un peu plus pâle que d'ordinaire, il médite sur son bilan et se rassure dans le regard de Brigitte, qui lui dit que « tout va bien ». Il se répète que les Français seraient ingrats de le sanctionner alors qu'il a tenu la barre au milieu des pires tempêtes et que le bateau n'a pas sombré.

Jean-Luc Mélenchon a le cœur qui tape. Il n'a pensé qu'à cet instant depuis son glorieux échec de 2017, il rêve de revanche, et elle est là, peut-être, à portée de main, dans les enveloppes qui commencent à être dépouillées. S'il franchit ce premier tour, il aimerait voir à 20 heures la tête de ses ennemis, et celles des journalistes qui le « harcèlent » depuis cinq ans.

Il cache sa peur, Yannick Jadot, il pense aux élections européennes : on l'attendait au coude à coude avec La France insoumise et elle n'a vu que son dossard.

Il est incorrigible, Nicolas Dupont-Aignan, prêt pour son D-day.

À Franceinfo, Marc Fauvelle relit à haute voix ses premières interventions. L'édition spéciale commence à 19 heures. Il a la tête plongée dans son texte, il guette les dépêches, jette un coup d'œil aux réseaux sociaux. Une assistante s'approche et lui tend un papier.

— L'estimation Ipsos vient d'arriver, lui dit-elle avec une drôle de tête.

Il lit, marque un temps d'arrêt, revérifie pour être sûr, lève les sourcils, murmure « Putain ! », et se remet au travail.

MARINE LE PEN EN TÊTE

Dimanche 10 avril, 18 h 45,
palais de l'Élysée

La nouvelle est arrivée dans les états-majors, au même instant. Le secrétaire général Alexis Kohler, en bras de chemise et sans cravate, pousse la porte du bureau du président de la République. Il essaie d'avoir l'air impavide, mais il a une tête d'ingénieur de la Nasa au moment de l'accident d'Apollo 13. Emmanuel Macron l'interroge des yeux, glacé.

Kohler fait une moue qui veut dire « pas terrible ».

Il vient de recevoir les premières fourchettes d'Ipsos, Odoxa et Ifop. Il les tend au président.

Macron les parcourt des yeux, en hochant la tête, sans émotion apparente.

Ceux qui ont le privilège d'être avec lui chuchotent comme à la messe en guettant sa réaction. Ils ont peur. Sensation d'apesanteur. C'est la minute inexprimable de la démocratie, quand personne ne sait plus qui il est ni ce qu'il pèse ni comment, dans une seconde, son destin va basculer.

Il y a là Richard Ferrand, toujours proche du président, en dépit des affaires ; Christophe Castaner, mieux en cour depuis qu'il préside le groupe LREM à l'Assemblée nationale ; Julien Denormandie, l'un des chouchous ; Bruno Le Maire, qui vise toujours Matignon ; François Bayrou, qui se prend plus que jamais pour le faiseur de rois ; le très discret Pierre-André Imbert, secrétaire général adjoint de l'Élysée, très à gauche dans sa jeunesse, puis hollandiste et désormais au service de Macron ; et Patrick Strzoda, directeur de cabinet. Jean-Yves Le Drian, l'intouchable ministre des Affaires étrangères, a préféré rester dans sa Bretagne, Gérald Darmanin est à Beauvau, Jean Castex à Matignon, Édouard Philippe a été convié mais a préféré superviser le vote dans sa mairie du Havre.

Brigitte Macron est assise à l'écart, elle fixe son mari, qui annonce maintenant les chiffres, d'une voix neutre et métallique, en les commentant d'une phrase :

Le Pen, 24 à 26 % : « C'est plus haut qu'attendu. »

Macron, 20 à 22 % : « C'est plus bas qu'espéré. »

Jadot, 14 à 16 % : « Résultat moyen pour l'alliance Écolo-PS, mais ils existent… »

Bertrand, 13 à 15 % : « Beaucoup mieux que Bellamy aux européennes, ils vont compter ces prochains jours… »

Mélenchon, 13 à 15 % : « Mieux qu'aux européennes, mais fin de partie. »

Dupont-Aignan, 8 à 9 % : « L'autre choc de la soirée. »

Poutou, 2 à 3 % : « Folklorique, mais ses voix pèseront sur le second tour, d'une manière ou d'une autre. »

Arthaud, 1 à 2 % : « Décoratif, mais idem. »

Son téléphone sonne. C'est Darmanin, depuis le ministère de l'Intérieur. Le président écoute, les autres essaient d'entendre. Nouvelle vague d'instituts, mêmes fourchettes ou à peu près.

— Oui… Elle est devant, commente Emmanuel Macron, mais y'a pas le feu. La droite va se casser. La France insoumise aussi, un tiers chez moi, un tiers chez Le Pen, un tiers à la pêche à la ligne. Ce sera ric-rac mais ça devrait passer.

— Oui, monsieur le président. Au vu de ce qu'on a morflé depuis cinq ans, on ne s'en tire pas trop mal… Si on ne déconne pas d'ici au 24 avril on aura cinq ans devant nous…

— Ne vous emballez pas, monsieur le ministre de l'Intérieur. Dites-vous bien que vous avez deux mois jusqu'aux législatives pour ne pas déconner. Mettez vos troupes en alerte. Au premier pépin d'ici le second tour, ou avant les législatives, nous serions très embarrassés. Je compte sur vous pour que la France n'ait pas peur et qu'elle vive cette période électorale en paix. Pas d'incidents avec une bande de gilets jaunes ou avec la CGT, pas de comité d'accueil dans mes meetings, et surtout pas d'attentats. Vous savez ce que ça veut dire ? Certains n'attendent que ça…

Et il raccroche. C'est mauvais signe quand le président ne tutoie plus et qu'il appuie sur le « vous ».

François Bayrou se penche vers lui pour lui glisser un conseil.

— Plus tard, François, plus tard. On va attendre que les résultats s'affinent.

Il mime le calme, le président, mais il n'est pas à prendre avec des pincettes, et quand il est dans cette humeur-là, il fait peur à tout le monde. Le silence s'installe dans son bureau. Une sonnerie de téléphone le brise.

Même heure, siège du Rassemblement national

La nouvelle court de bouche à oreille chez les militants qui affluent vers le siège et se mettent à s'agiter dans tous les sens, à la recherche d'une confirmation.

— Il paraît que Marine est largement en tête ?

— Ouais ! J'ai la même info que toi…

— Tu la tiens d'où ?

— De Robert, tu connais ? Je l'ai croisé, il venait de l'apprendre.

— Ah, c'est moi qui l'avais informé…

Ils tournent en rond, les militants. C'est une info ou c'est Twitter ?

Marine Le Pen est à La Celle-Saint-Cloud, elle rit à gorge déployée (symptôme de tension chez elle), avec Louis Aliot son ancien compagnon, et Philippe Olivier, son beau-frère, ex-mégrétiste revenu au Front en 2015 après un passage chez Dupont-Aignan, assez en cour pour avoir eu la peau de Florian Philippot. On reconnaît aussi Jordan Bardella, à qui il ne manque que le costume de majordome et la calvitie pour ressembler au Nestor de Moulinsart, Steeve Briois, petit sourire permanent dans une mâchoire de rugbyman, Bruno Bilde, qui fait des pronostics, et le fidèle Wallerand de Saint-Just, trésorier du parti, qui ressemble à un personnage de Maupassant avec sa moustache et sa barbichette blanche, tandis que les chats Jazz et Gavroche sautent sur un meuble sans bousculer le diffuseur d'où s'élève une vapeur d'huile essentielle. David Rachline est en ligne depuis sa mairie de Fréjus. Il interviendra après 20 heures, en duplex de son bureau, afin d'ancrer dans les esprits l'image d'un Rassemblement national à la tâche, gestionnaire et apaisé.

Une secrétaire s'approche et tend les estimations à la patronne. Elle les parcourt et son visage s'éclaire, avec ce fameux sourire qui découvre toutes les dents, celles du haut comme celles du bas, et dont on ne sait s'il est moqueur, joyeux ou s'il s'apprête à vous bouffer. Elle lève le bras pour obtenir un silence qui s'était déjà imposé.

— Messieurs (car il n'y a autour d'elle que des messieurs et quelques chats) ! Messieurs, voici les premières fourchettes !

Elle lit. Avant qu'elle ait fini, juste après avoir annoncé le score de Nicolas Dupont-Aignan, qu'ils ont accompagné d'un « oh… ! », ils se mettent à applaudir.

— Bravo ! Bravo !

Wallerand de Saint-Just s'approche de la candidate qui va sortir en tête du premier tour de l'élection présidentielle et, avec sa bonhomie de notaire provincial à l'ancienne, la prend affectueusement par les épaules, lui glissant tout bas :

— Madame, pardonnez-moi, mais je vais vous répéter ce que Jacques Attali avait confié à François Mitterrand le soir du 26 mai 1981, en apprenant que son chef avait fait 26 %… 26 % ! Votre score, madame ! Jacques Attali avait murmuré : « Quoi qu'il arrive, monsieur le président, vous avez réussi votre vie. » Eh bien, je vous le dis, madame la présidente : quoi qu'il arrive, ce n'est pas votre vie que vous avez réussie, c'est la nôtre.

Il est lyrique, le trésorier, et Marine Le Pen en aurait la larme à l'œil ! Elle se reprend :

— C'est pas le tout, les amis, on va au siège.

Là-bas, la rumeur est devenue une info vérifiée. La foule afflue par vagues sonores, le hall du rez-de-chaussée résonne. À 19 h 15, quand elle arrive sous la lumière des projecteurs, en direct sur les télévisions, dont les envoyés spéciaux prétendent ne rien dévoiler avant 20 heures, les téléspectateurs comprennent que quelque chose s'est passé du côté de l'extrême droite. Elle sera présente au second tour, et peut-être davantage.

La foule s'enflamme :

— Marine, présidente ! Marine, présidente !

19 h 15, domicile de Jean-Luc Mélenchon

— Travail d'artiste… Macron a fabriqué son épouvantail et maintenant il va nous demander d'être épouvantés. Il peut compter sur nous, le brave garçon. Il n'aura pas nos voix… Pas une seule…

Il regarde Marine Le Pen à la télé et pense à Emmanuel Macron. Il sait depuis une demi-heure qu'il ne sera jamais président de la République. Il s'y attendait un peu, mais entre le pressentiment de la chute et la chute elle-même, il y a cette différence contre laquelle il lutte depuis toujours : celle qui sépare le monde tel qu'il veut l'ordonner et celui qui s'organise sans lui. Il en est désemparé. Il est pris de court. Il ne sait plus ce qu'il doit faire. Il est là, assis devant un écran, dans son salon, depuis une demi-heure, et il n'a pas envie de bouger, il a sa tête du soir des européennes, moitié dégoût, moitié colère. Ses compagnons ne valent pas mieux.

— Tu fais quand même huit ou neuf points de plus que notre score aux européennes, essaie Alexis Corbière.

Mélenchon remue la tête en soufflant bruyamment par le nez, agacé.

— Ouais…

Gérard Miller tente une analyse freudienne :

— Et ces cons d'écolos, avec les socialistes… Leur campagne est un acte manqué. Un lapsus. Ils y sont allés pour faire semblant de s'opposer à Macron, mais ce qu'ils voulaient c'était nous empêcher de le battre. D'ailleurs, tu vas les voir à 20 heures, ils vont appeler à faire barrage à Le Pen, donc à voter pour lui…

Adrien Quatennens approuve, mais s'inquiète pour son siège de député. Il ajoute :

— Maintenant, il faut penser aux législatives. Ces 15 % sont un capital, et si ça se trouve demain matin on sera devant Jadot et Bertrand. On est dans un mouchoir…

— Peut-être… Mais vous avez vu le total de l'extrême droite. Le Pen associée à Dupont-Aignan, ça fait 32 à 35 %, c'est effrayant. Et la gauche…

— La gauche, n'en parlons plus, l'interrompt l'autre député présent, Ugo Bernalicis. Ça ne veut plus rien dire pour les gens, il faut s'adresser au peuple. On le dit depuis cinq ans et ça se vérifie ce soir.

— C'est pas plus mal, conclut Éric Coquerel, si Le Pen gagne, ça créera la situation qu'on recherche. Une situation révolutionnaire. On va mobiliser.

Mélenchon ne dit rien, il regarde la télé sans la voir ni l'écouter. Il est sonné. Il pense aux foules qui l'acclament depuis dix ans, et que les autres sont incapables de rassembler et de galvaniser, mais il est là, tout seul sur son fauteuil, et c'est fini. Il est é-li-mi-né…

Tout à l'heure, il se rendra au siège de La France insoumise, son enfant, son coup de génie. Au 43, rue de Dunkerque, pas loin de chez lui. Il prononcera quelques mots. Il n'en a pas envie. Pour tout dire, il en a marre, mais si ça se trouve dans une heure il ira mieux. Il sera requinqué. Il aura passé le cap, il remontera au front, si l'on ose dire. Il est comme ça, Jean-Luc Mélenchon : un coup oui, un coup non, une fois dépression, une autre exaltation, un jour grandeur et le lendemain mesquinerie, le matin grand seigneur et le soir petite frappe. Un puits de science et de contradictions. Mais qu'il soit yin ou yang, l'appel à battre Le Pen, donc à voter Macron, ce sera sans lui. Et il le dira clairement. C'est Macron qu'il veut écrabouiller. Macron et Le Pen c'est du pareil au même. À cette idée, il reprend du poil de la bête, bondit de son siège, prend un stylo et rédige les grandes lignes de son discours en croquant un sandwich. Il est ressuscité.

20 heures à la télévision

Rituel du décompte des secondes avant la révélation des résultats. « Dans quinze secondes nous serons en mesure de vous dire… » Secret de polichinelle… Les réseaux sociaux moulinent les chiffres depuis une bonne heure, dans un mélange rageur de faits bruts et de *fake news*, mais le rendez-vous de 20 heures, c'est comme les allocutions d'Emmanuel Macron pendant les récents confinements. Si on connaissait d'avance les mesures qu'il allait annoncer, on l'écoutait quand même, pour vérifier.

Il est précisément 20 heures.

Par rapport aux premières estimations, Marine Le Pen est en haut de sa fourchette, en tête autour de 26 %, et Macron est bien second, mais à peine au-dessus de 20 %, c'est-à-dire en bas de la sienne. Ce soir, ce fils de Valéry Giscard d'Estaing est plutôt chiraquien dans son score du premier tour. Derrière eux, Jadot, soutenu par la gauche non mélenchonienne, s'est un peu détaché, il est au-dessus de 16 %. Bertrand est à 14,5 %. Mélenchon plafonne à 13 %, donc distancé par la droite et les écologistes. Nicolas Dupont-Aignan s'est contracté à 7 %, mais crée tout de même la surprise.

Marine Le Pen, radieuse, est la première à s'exprimer, dès 20 h 01, dans une ambiance qui sature les micros. Elle dit que l'Histoire est en marche et que rien ne pourra l'arrêter. Elle lance :

— J'invite tous les républicains à me rejoindre et à ne pas céder à la campagne de peur et d'intimidation qui va se mettre en place dès ce soir, organisée par le gouvernement, et par les élites effrayées que le peuple les renvoie. Il ne faut pas les croire. Je promets de poursuivre ma campagne comme je l'ai commencée, puis d'engager mon quinquennat dans la même volonté, c'est-à-dire paisiblement mais sans faiblesse, sans brutalité mais sans compromissions, en exerçant pleinement mes pouvoirs de chef de l'État, dans la transparence… Cette transparence qui fait défaut au pouvoir politique depuis plus de cinquante ans.

Yannick Jadot intervient juste après elle, depuis son QG de campagne. Il a plutôt bonne mine. C'est la première fois qu'un candidat écologiste obtient un score aussi élevé à l'élection présidentielle, note-t-il, ajoutant que « cette force collective fait d'Europe Écologie un mouvement destiné à exercer les plus hautes responsabilités ». Il remercie les électeurs, mais regrette que

Jean-Luc Mélenchon ait refusé de faire alliance, sans quoi, dit-il, « nous serions qualifiés pour le tour décisif, ce qui n'est que partie remise, car toutes les leçons de ce qui est à la fois une victoire et une déception seront tirées ». Depuis France 2, Nathalie Saint-Cricq lui demande s'il donnera une consigne de vote pour le second tour. Il répond dans la foulée :

— Ai-je besoin de donner une consigne ? C'est une question qui ne se pose pas. Aucun de nos électeurs, aucun écologiste n'hésitera un seul instant. Aucune voix ne manquera. Le moment est trop grave. Nous devons faire barrage, sans états d'âme, à la catastrophe démocratique que représenterait l'élection de Marine Le Pen à la présidence de la République.

Le ton est donné. Au-delà du commentaire plus ou moins tactique des participants à la soirée électorale, qui courent d'un studio à l'autre, et de l'appel des candidats eux-mêmes, on ne va parler que de cela tout au long de la soirée : quelle position vis-à-vis du Rassemblement national, et quelle analyse de son score ?

20 h 15

Emmanuel Macron, visage grave derrière son pupitre, prend la parole depuis son siège de campagne, devant des militants inquiets mais soulagés qu'il ne soit pas éliminé comme le fut Lionel Jospin. Un discours dramatisant et cependant classique – remerciements, gravité du moment, choix de société, message reçu, volonté d'aller de l'avant, etc. Mais ce qu'on retient naturellement c'est son exorde, et cet exorde est un appel au front républicain :

« Désormais l'alternative est claire. Les Français me connaissent. Je suis leur président depuis cinq ans. Ils savent ce que j'ai fait, ou n'ai pas fait, ce que j'ai mené à bien, ou qui a échoué. Ils savent surtout que le mandat qu'ils m'ont confié leur appartient. À eux de l'interrompre ou de le prolonger. Ainsi va la démocratie, notre démocratie, et cette démocratie je l'ai toujours servie. Qu'en serait-il avec mon adversaire ? Personne ne peut ignorer qu'avec elle, nous entrerions dans autre chose. Autre chose que la République que nous partageons et que nous aimons. Autre chose que nos libertés. Autre chose que notre vivre-ensemble. J'appelle au plus large rassemblement derrière ma candidature. Ce choix aura des conséquences immenses, s'abstenir serait voter pour l'aventure. Entre la République et l'inconnu, nous ne pouvons pas hésiter. »

20 h 30

Incident sur TF1. Au moment où Nicolas Dupont-Aignan, plus impérial que s'il venait d'être élu, s'apprête à livrer son message, Gilles Bouleau apprend dans son oreillette que Xavier Bertrand va commencer son discours depuis son local de campagne. Dupont-Aignan ouvre la bouche mais le journaliste l'interrompt et lui demande de différer son commentaire. S'il le souhaite, il pourra réagir aux annonces du candidat de la droite classique. Fureur télégénique de Dupont-Aignan, qui hurle à la censure et jure qu'il boycottera désormais cette « antenne stalinienne ».

— Comprenez-nous, la droite classique totalise au moins deux fois plus de voix que vous : la déclaration de Xavier Bertrand sera déterminante ce soir, essaie d'argumenter Bouleau, mais Dupont-Aignan n'en démord pas :

— La droite classique, c'est moi !

Xavier Bertrand apparaît à l'image, sourcils froncés, plus pénétré que pénétrant. Ce n'est plus la terre qu'il porte sur ses épaules mais le ciel en même temps, avec la lune, la planète Mars, et Jupiter en supplément. Depuis l'année dernière, il en fait beaucoup dans la dégaine de l'homme de conséquence assumant le poids de la charge, mais ce soir il atteint une espèce d'apogée, nuque de marbre, buste en avant, on dirait sa statue de l'île de Pâques. Son allocution est brève et solennelle :

« Je mesure la confiance que viennent de m'adresser des millions d'électeurs et les en remercie. On avait enterré l'alliance de la droite et du centre, et l'alliance de la droite et du centre est de retour. Nous ferons fructifier cet acquis. Nous n'appartenons à personne. Nous n'appartenons pas au pouvoir en place, qui vient de recevoir un sévère avertissement. Et nous sommes les adversaires farouches de l'extrême droite, qui rêve de démembrer la République. Cette extrême droite est puissante. Dans deux semaines, elle peut prendre le pouvoir. Cette perspective nous est insupportable. Nous sommes l'opposition, mais cette opposition votera sans état d'âme pour le seul candidat à même d'empêcher cette hypothèse aux conséquences incalculables. Ce soir, au-delà de nos différends, j'appelle mes électeurs à voter pour Emmanuel Macron au second tour de l'élection présidentielle. »

Devant un écran de télévision, l'un au bord de la Seine, l'autre dans le XVe arrondissement, le troisième à Radio France, à deux pas des studios où ils s'apprêtent à participer aux différentes éditions spéciales, Éric Ciotti, Nadine Morano et Julien Aubert ont un même sursaut. Ils s'étranglent de colère, en silence. Mais de quel droit ce candidat qui n'est même plus des leurs, et dont ils ne voulaient pas, se permet-il de donner des consignes sans avoir consulté les instances et les élus du parti ? Interrogé dans la foulée, Ciotti dira sur France 2 qu'il a noté avec intérêt la proposition « du candidat Bertrand », mais que les Républicains sauront y réfléchir en temps utile. Plus cash, Nadine Morano ajoute sur BFM qu'on ne commente pas les improvisations d'un homme qui perd ses nerfs. Quant à Aubert, en homme d'appareil, il conclura que le seul engagement qui vaille sera publié mardi dans un communiqué du Bureau politique, et pas avant.

21 heures

Tour de table en studios. Jordan Bardella roule des mécaniques au nom de Marine Le Pen, Gabriel Attal, le porte-parole du gouvernement, admet l'avertissement adressé à Emmanuel Macron, mais assure que le message a été entendu et que l'heure est désormais à l'unité, Éric Piolle se félicite du bon score des écologistes, mais se demande s'il n'aurait pas été plus efficace de s'associer à Jean-Luc Mélenchon. La ministre de la Transition écologique, Barbara Pompili, lui répond que désormais le candidat écologiste s'appelle Emmanuel Macron, ce qui énerve Alexis Corbière, lequel se lance dans une phrase à rallonge : selon lui le score de « Jean-Luc » est une immense victoire si l'on tient compte du « front républicain à l'envers » qui s'est constitué contre La France insoumise, une alliance du pouvoir et des médias à la botte des milliardaires, alimentée par la trahison des socialistes, Anne Hidalgo en tête, et « des écologistes du candidat Jadot qui ont fait monter Marine Le Pen en agitant les peurs, et d'abord celle des musulmans »...

Également présent sur toutes les chaînes, le général Pierre de Villiers prend ses airs de passant modeste, qui ne demande rien à personne mais qui a des choses importantes à dire. Il n'a aucun mandat mais des succès en librairie, et comme il est le premier grand serviteur de l'État à avoir contesté le président de la République en tant que chef d'État-major des armées, il se sent légitime pour dénoncer « l'affaiblissement de l'autorité de l'État ».

Nicolas Dupont-Aignan arrive alors sur le plateau de France 2, en courant presque. Essoufflé, il est sur le point de s'exprimer en direct, quand Léa Salamé l'interrompt car Jean-Luc Mélenchon va parler depuis le siège de La France insoumise. Sa colère est encore plus spectaculaire que tout à l'heure sur TF1. De nouveau l'invocation de la censure et du manque de respect pour des millions d'électeurs. Il promet encore le boycott, cette fois du service public, ce qui ne l'engage à rien, et Thomas Sotto le lui fait remarquer en pariant qu'il saura patienter. Il finit par se taire en remuant la tête à petits coups nerveux, puis consent à regarder Mélenchon.

21 h 10

Le patron de La France insoumise s'est remis de son abattement d'avant 20 heures. À le voir monter à la tribune, on pressent que le vieux sage de la campagne électorale va laisser place au cogneur du macadam. Les mâchoires sont serrées, les coins de la bouche tirés vers le bas, non seulement ce n'est pas un battu qui s'avance vers son public, mais un battant qui va régler ses comptes. Il rappelle sa campagne, la foule à ses meetings, le travail de ses militants, la promesse d'une république nouvelle, et en vient à ceux qui ont empêché son avènement. Les autres. Tous les autres. Sa conclusion tombe, sans réplique :

« Pour le second tour, qu'on ne nous demande pas d'arbitrer entre le président et le bilan du président. Ce bilan s'appelle Marine Le Pen. Depuis cinq ans, Emmanuel Macron a fait monter la peur, dans l'idée de devenir le sauveur de la dernière ligne droite. Nous y sommes. Une honte ! Une déroute ! Une faillite ! Et cette humiliation, le président ne la doit qu'à lui-même. Nos électeurs feront ce qu'ils voudront le 8 mai, mais au nom de La France insoumise je déclare que cette affaire n'est plus la nôtre. Nous ne sauverons pas un président en perdition, et nous ne voterons jamais pour l'extrême droite. Jamais. Je vous remercie. »

Les journalistes présents lui demandent aussitôt s'il faut comprendre que sa consigne est l'abstention. Il plie le texte de son discours, le met dans la poche intérieure de sa veste et lâche à la cantonade :

— Comprenez ce qui vous chante, messieurs-dames des médias. De toute manière, comme d'habitude, vous ouvrirez mon procès en déformant mes propos. Rendez-vous aux législatives.

La déclaration coup de poing de Jean-Luc Mélenchon est la seconde sensation de la soirée. Par rapport à sa position de 2017, pour le moins fuyante, elle est tranchante et rapide. Elle résume en quelques phrases des propos qu'on entend depuis 2017 dans la bouche des militants de La France insoumise, et elle renvoie à une formule célèbre lancée par le communiste Jacques Duclos en 1969 : « Blanc bonnet et bonnet blanc. » Macron et Le Pen sont placés sur le même pied. Le Pen à la place de Macron, c'est seulement la peste à la place du choléra et ça ne vaut pas le dérangement. Sur un plan purement arithmétique, si l'on sort du jeu les voix Mélenchon, et si on additionne celles de Le Pen, Dupont-Aignan, ainsi qu'une fraction des électeurs de Xavier Bertrand, l'extrême droite est aux portes du pouvoir.

D'autant que Nicolas Dupont-Aignan peut enfin développer son propos sans être interrompu, et qu'il annonce un accord probable avec Marine Le Pen, comme en 2017. Il y met des coquetteries, des conditions, réclame Matignon, des ministres à des postes clés, veut qu'on rédige une espèce de programme commun, mais personne n'est dupe de sa disposition d'esprit : il volera au secours de la victoire si elle doit se présenter. Il profite d'ailleurs de son temps d'antenne pour fustiger « la sottise de Xavier Bertrand qui condamne la droite à l'opposition perpétuelle » et pour appeler les électeurs de Jean-Luc Mélenchon à franchir le Rubicon :

— S'abstenir ne suffit pas ! Nous avons plus de points communs que de différences, nous sommes d'accord sur les frontières, sur l'Europe, sur la souveraineté de la France, rejoignez-nous, vous serez respectés.

Il a dit « rejoignez-nous », et pas « votez Marine Le Pen », comme si l'accord était passé et le mariage prononcé ! Il s'exprime à la manière d'un chef, Dupont-Aignan, il aurait les clés de l'Élysée qu'il tiendrait le même discours. Encore un effort et il consentirait à accorder un strapontin à Marine Le Pen dans son projet d'alliance… Devant sa télé, la candidate de l'extrême droite manque d'ailleurs de s'étrangler en avalant sa coupe de champagne.

— Il est gonflé, Ducon-Gnangnan ! lâche-t-elle à sa garde rapprochée.

Elle sait pourtant qu'elle n'aura pas le choix. Quand son téléphone sonnera, même en pleine nuit, et qu'elle verra s'afficher le nom de son futur associé, elle devra se montrer aimable, elle sera son obligée, elle a besoin de son pécule. Elle comprend que si elle devient présidente elle sera l'obligée du monde entier, et elle pense à la dialectique du maître et de l'esclave. Le maître qui devient l'esclave de son esclave. Maîtresse d'un peuple, esclave de « 70 millions de ploucs ». Dupont-Aignan à qui elle devra faire des grâces, sa nièce qui va la harceler, Mariani qui la tanne déjà pour avoir les Affaires étrangères, les syndicats, les coordinations, les comités, les pétitions. Dans son langage de corps de garde, elle se dit que « maintenant qu'elle les a baisés au premier tour », elle aurait presque envie d'arrêter le jeu et d'aller faire la fête dans un tripot, jusqu'au bout de la nuit, comme quand elle était jeune, et qu'elle n'avait pas la tête de son père…

21 h 30

Les sondages anticipant le second tour tombent un à un depuis 20 heures. Le dernier, un Ifop, situe l'abstention à 40 % et donne une intention de vote de 52 % à Emmanuel Macron contre 48 % à Marine Le Pen. 52-48 ! Autant dire que ces chiffres, même avec leur marge d'erreur, jettent une atmosphère de drame sur la suite de la soirée. La menace dont on parle comme d'un épouvantail depuis le surgissement de Jean-Marie Le Pen lors des européennes de 1984, il y a presque quarante ans, est à deux doigts de se concrétiser. L'extrême droite est en passe de prendre le pouvoir en France.

LENDEMAINS DE PREMIER TOUR

Lundi 11 avril, 3 heures du matin

Claude Askolovitch épluche la presse pour sa revue de 8 h 45. Il ne sait plus s'il est porté par l'événement, comme le sont les journalistes au lendemain des élections, ou si l'actu le désespère. Envie de parler ou de se taire ? D'analyser, de commenter, ou de prendre un somnifère ? Marine Le Pen, Marine Le Pen, Marine Le Pen, il n'y a qu'elle dans les journaux, c'est normal, comment faire autrement. Mais il en est abasourdi. La victoire de l'extrême droite au premier tour, en France, l'hypothèse de son élection au second, la défaite de tous les autres : il a envie de se boucher les oreilles et de retourner au lit.

Le Figaro est sobre dans sa manchette : « Marine Le Pen en tête », mais incisif dans son commentaire. Sous le titre « Ombre extrême », Alexis Brézet note que pour la droite, pourtant majoritaire comme jamais dans le pays, le premier tour de l'élection présidentielle est « le résultat de quarante ans de couardise. À force de concessions à la gauche germanopratine, qui ne représente que ses obsessions, de courbettes à la bien-pensance, d'obéissance à la pensée unique, de honte d'elle-même, la droite classique a fini par céder la place à son ombre extrême, et pire encore, à la combattre en s'associant au président sortant, un hybride ni de droite ni de gauche, accroché à une fable périmée : le front républicain. »

Libération est alarmiste : « Gauche effondrée, Pen maximale. » L'édito est sans pitié. Il est intitulé « Naufrage à part », et s'interroge rageusement : « Comment la gauche de gouvernement en est-elle arrivée là, dix ans après sa victoire absolue de 2012 ? Elle tenait l'Élysée, l'Assemblée, le Sénat, les régions, la majorité des départements, les plus grandes villes. Qu'a-t-elle fait de son électorat pour être éliminée dès le premier tour, comme en 2017. La gauche ne pèse que 30 % ! Une misère ! Et pourtant cette misère est insolente ! Elle est trop fière pour lancer un appel en commun, à l'occasion d'un second tour pour le moins dramatique. La France est au bord du gouffre, sur le point de se donner à l'extrême droite, mais ce péril ne suffit pas ! Yannick Jadot appelle à battre l'extrême droite, mais Jean-Luc Mélenchon, tout à l'orgueil de son échec, tient à faire naufrage à part en lançant sa dernière flèche : débrouillez-vous, ce n'est plus mon affaire. »

L'extrême droite, la droite, la gauche, les écologistes : Askolovitch se dit que le score de Marine Le Pen a tellement marqué les esprits que ses confrères en ont presque oublié le président sortant. Sur L'Obs.fr, le journaliste débusque une analyse de Serge Raffy, qui parle avec une certaine cruauté des illusions perdues d'Emmanuel Macron, sous le titre : « Les cinq dernières minutes ». Raffy se souvient de l'euphorie du futur président, en avril 2017, quand il lançait à la presse, sûr de lui-même et dominateur : « Je resterai le maître des horloges, il faudra vous y habituer, j'ai toujours fait ainsi. Je ne vais pas sauter pour aller devant les caméras parce que Mme Le Pen va devant les caméras. » Cinq ans après, les horloges se sont vengées. Emmanuel Macron n'a rien vu venir, ni la dérisoire affaire Benalla, ni les gilets jaunes, ni l'opposition à la réforme des retraites, ni l'ampleur de l'épidémie. Il s'est englué dans l'affaire des masques, puis a reçu en pleine figure le boomerang de trente ans de réformes hospitalières purement comptables. Et voilà qu'au final il se trouve distancé par son propre scénario. Il avait prévu que Marine Le Pen serait présente au second tour, mais pas en tête, et pas avec six points d'avance au premier tour, même dans le pire de ses cauchemars ! Le maître des horloges est renvoyé à la série policière des années 1960 : *Les Cinq Dernières Minutes*. Il s'en sortira peut-être, mais il a rétréci : on l'a connu Jupiter, et il finit commissaire Bourrel. »

Mardi 12 avril, 11 heures,
238 rue de Vaugirard

Séance à huis clos au siège des Républicains. Une réunion politique s'entend avant de se voir. Son niveau sonore au moment d'ouvrir la séance en dit beaucoup sur le climat des débats imminents. Le brouhaha est un signe de détente. Un silence troublé de chuchotis est au contraire le préambule à des tensions internes. Or, au siège de LR, en ce lendemain de premier tour, on entend les semelles sur le carrelage et les enrhumés se moucher. Une ambiance d'état de siège, d'embuscades, et de colères étouffées.

Christian Jacob, le président du parti, monte à la tribune sans rien dire, suivi de Guillaume Peltier, vice-président délégué à la dégaine de boy-scout multicarte, du président du Sénat Gérard Larcher, machiavel rondouillard, et des présidents de groupe à l'Assemblée et au Sénat, Damien Abad le légitimiste et Bruno Retailleau l'orphelin de l'affaire Fillon. Visiblement les deux premiers viennent d'avoir un aparté tendu, et leur visage fermé ne modère pas l'humeur de cette salle déjà à cran.

Chez les Républicains, en l'absence de courants officiels, les alliances et mésalliances sont difficiles à suivre. Julien Aubert, le Philippe de Villiers du Vaucluse, fait figure de leader de l'aile droite. Il est assis au premier rang, aux côtés de Guillaume Larrivé, le libéral identitaire, souvent moqué pour ses cachemires, d'Éric Ciotti et Nadine Morano. Un peu plus loin, avec un air d'ennui profond, François Baroin, président de l'Association des maires de France, bâille ostensiblement et leur présente son profil indifférent.

Aubert et Larrivé furent les rivaux de Christian Jacob pour la présidence de LR, à la suite du désastre européen et du départ de Laurent Wauquiez. Retailleau, proche des milieux catholiques, et auteur de propositions sur l'immigration applaudies par Marine Le Pen, fut candidat à la candidature présidentielle et n'a jamais digéré la désignation de Xavier Bertrand. À cette occasion, il s'est rapproché de Rachida Dati, absente ce matin, mais depuis lors il s'est éloigné d'elle, et elle de lui. Si on ajoute le cas de Guillaume Peltier à ce flipper byzantin, on se perd carrément. Lui, il fut à la fois proche de Xavier Bertrand, puis membre du Front national jeunes, puis adhérent du MNR de Bruno Mégret, puis récent compagnon de Thierry Mariani, le transfuge promis à un grand destin si Le Pen était élue, et maintenant il se recentre. Mélange détonant. Chez les Républicains, en ce mardi, le danger d'une réaction en chaîne affleure à chaque respiration.

— Chers amis, la séance est ouverte, commence Christian Jacob.

Il n'a pas prononcé le premier mot qu'une voix déchire le cérémonial.

— Et notre candidat ? Il n'est pas là, notre candidat ?

C'est l'ancien député Bernard Carayon, porte-parole du microparti de Julien Aubert, Oser la France. Jacob essaie de calmer le jeu.

— Vous savez parfaitement, Bernard, que notre candidat ne fait plus partie des Républicains depuis 2017. Il est le candidat désigné par la primaire de la droite. Cette primaire, vous l'avez voulue, et elle nous oblige. Ne répétons pas la folie des socialistes qui se sont divisés après la victoire de Benoît Hamon, il y a cinq ans. Regardez ce qu'il reste du PS. Tenons parole, quoi qu'il nous en coûte. Nous nous sommes engagés, ensemble, à soutenir le vainqueur et son programme, ce n'est pas l'heure de flancher. Ne faites pas semblant de découvrir que Xavier Bertrand n'est plus notre adhérent. Cette affaire est classée.

— Et toi, Christian, ne fais pas semblant d'être sourd, lâche Julien Aubert, glacial. Il a appelé nos électeurs à se reporter sur Emmanuel Macron, sans nous consulter !

— Ces électeurs ont quand même voté pour lui, non ?

— Son appel crée la confusion. Après avoir été le candidat des Républicains, sans être Républicain, il se pose maintenant en candidat pour Matignon, sans être macronien. Si c'est son plan de carrière, qu'il se débrouille, mais ce n'est pas le nôtre.

— Question plan de carrière, tu aurais préféré qu'il appelle à voter Le Pen ?

— Ce que tu dis là n'est pas digne de ta fonction, Christian. Prends de la hauteur, tu es notre président, tu dois nous rassembler, et pas nous diviser…

Pour Christian Jacob, la suite de la séance tiendra du chemin de croix. Il a compris que les membres de son aile droite se sont passé le mot pour demander que LR prenne ses distances avec Xavier Bertrand, d'une manière ou d'une autre, et il considère qu'un message confus, entre deux tours, dans l'émotion d'un pays tétanisé, sera fatalement vécu comme un geste d'allégeance à Marine Le Pen. Le parti est fragile, tout virage intempestif est à même de le briser. Mais le ton monte, les opposants insistent, Guillaume Larrivé les rejoint, tout en politesse manucurée, tandis que Bruno Retailleau observe, garde le silence, mais n'invite surtout pas ses amis à modérer leur revendication.

Il faut l'intervention de Gérard Larcher, plus bonhomme que jamais, pour éviter l'explosion :

— Mes amis, quoi que nous pensions en notre for intérieur, le pays nous regarde. Ce pays, ce sont nos territoires, nos villes, nos villages, c'est la vraie France, la France qui vote pour nous. Nous en sommes les élus et les représentants. Croyez-vous, sincèrement, dans les circonstances présentes, entre deux tours de la présidentielle, à deux mois des législatives, que nos électeurs apprécieraient que nous sortions de cette salle en nous divisant ? Ce qui est fait est fait. Ce qui est dit est dit. Prenons-en acte, et attendons le lendemain du second tour pour ouvrir un débat interne. Mais pas en pleine bataille. Pas maintenant. Pas au moment où les regards se portent sur le duel du second tour. Tout vacarme de notre part paraîtra parasite, dérisoire et décalé.

La moitié de la salle s'est levée en acclamant Larcher, dans un soupir de soulagement. Les autres sont restés assis puis ont fini par se lever pour applaudir à contrecœur. On savait que le président du Sénat était orfèvre en accords de coulisse, dans le cocon capitonné du palais du Luxembourg, on le découvre démineur en terrain tourmenté. Sur sa proposition, un communiqué prudent est rédigé, amendé, puis approuvé. On y lit que « les Républicains prennent acte des résultats du premier tour de la présidentielle et de la déclaration de leur candidat en vue du second tour, mais soulignent qu'ils siégeront dans l'opposition à partir du 25 avril quel que soit le nom de l'élu ».

Ils se sont donné rendez-vous le mardi 26 avril, bien décidés à reprendre un débat que le contexte interdisait d'ouvrir.

Même jour, 17 heures

Le sondage quotidien « rolling » Ifop resserre encore l'écart : 51/49 en faveur d'Emmanuel Macron. Le sortant est toujours en tête, mais chez ses proches on commence à s'affoler.

Gérald Darmanin n'y tient plus. Il téléphone au président, qui vole vers Marseille à bord d'un Airbus d'Air France parce qu'il a décidé de lancer sa campagne du second tour par un meeting improvisé, en plein cœur des quartiers nord, un lieu hautement sensible. Ces barres d'immeubles sont habitées à quatre-vingts pour cent par des familles d'origine maghrébine ou subsaharienne, et envoient depuis presque quarante ans à l'Assemblée ou à la mairie des élus du Rassemblement national. Que des discours réputés xénophobes séduisent des immigrés de la première, deuxième, troisième, ou quatrième génération interpelle le président sortant. Comment expliquer ce paradoxe ? Il n'a pas la réponse, et comme toujours quand il ne comprend pas, il fonce… En se réveillant à l'aube après s'être couché à 2 heures du matin, ce mardi, il a décidé de porter le fer « là où la France a le plus mal ». Il veut promettre à cette France « séparée » qu'elle sera l'une des priorités de son second mandat, et surtout qu'elle est une France à part entière. Une France qui ne vote pas beaucoup, et que cette visite pourrait mobiliser. L'espoir fait vivre…

L'opération est risquée, il le sait, des incidents sont à redouter, mais depuis qu'il est en politique, Emmanuel Macron ne peut s'empêcher d'aller au contact, quitte à le regretter. Au bout d'un quinquennat d'impopularité, parfois de haine, cette attitude a fait de lui le président le plus malmené de l'histoire de la Ve République, le plus sifflé, le plus interpellé, mais l'accumulation des bains de foule mouvementés lui donne aussi l'image d'un homme qui n'a pas peur de sortir de son palais. Au-delà des critiques récurrentes sur sa fréquentation des banques et des banquiers, il veut passer pour l'homme qui soulève le capot et met les mains dans le moteur, convaincu que cette posture de garagiste paiera au moment où les Français devront choisir entre « un mécanicien » et l'héritière d'une dynastie qui sent le soufre.

De plus, il n'ignore pas que pendant les deux prochaines semaines, sa concurrente mettra l'accent sur la question de l'islam, de l'immigration, de l'insécurité. Il a donc décidé d'impressionner les médias en portant le fer dans une cité de musulmans, d'immigrés, de gens traumatisés par des règlements de compte à la chaîne, qui font la une de l'actualité. Pour l'instant c'est réussi. Ses services de presse sont débordés de demandes d'accréditation.

Le téléphone fait vibrer la tablette de son siège et coupe court à sa méditation. Le nom du ministre de l'Intérieur s'affiche. Le président se dit que Gérald Darmanin veut sans doute faire le point sur le dispositif de sécurité du meeting de ce soir. Il se lève et demande à l'hôtesse de se retirer dans la cabine de l'équipage, à l'arrière de l'avion. Inquiet qu'on puisse l'entendre, il s'enferme dans les toilettes.

— Bonsoir Gérald, merci de ton appel, mais ce n'était pas nécessaire et je ne peux pas trop parler. Je suis dans l'avion. Je sais que tu fais pour le mieux et que tout va bien se passer... Je ne suis pas inquiet...

— Moi si, monsieur le président.

— Des problèmes ? La CGT ? Mélenchon ? Des anciens du Collectif contre l'islamophobie qui vont nous emmerder ?

— Non. J'ai plus urgent, et plus embêtant. Les derniers sondages ne sont pas bons. Ils se resserrent encore et cela risque de créer un appel d'air en faveur de Marine Le Pen…

— Allons… Nous avons les mêmes chiffres… Les Français ne sont pas fous. Je le répète, ce sera ric-rac mais ça passera…

— Vous devez faire quelque chose.

— Et tu penses que je fais quoi ? Que je me dore la pilule avec ce meeting à Marseille, dans trois heures, dans les quartiers nord ? Tu ne vois pas que les médias sont sur les dents ?

— Je ne suis pas sûr que ça suffise. C'est un électrochoc qu'il faut. Un véritable électrochoc…

Cette fois le président s'agace, et passe au vouvoiement :

— Vous voulez quoi, monsieur le ministre ? Que j'interrompe le processus électoral ? Que j'organise un coup d'État ?

— J'ai plus simple et plus républicain. Appelez Xavier Bertrand. Parlez-lui de Matignon, et s'il accepte, laissez filtrer l'information. Je peux m'occuper des fuites. C'est à droite qu'il faut frapper les imaginations. Tout ce qui remonte de mes services indique qu'une partie importante de cet électorat s'apprête à faire le saut, mais pas vers nous, vers la famille Le Pen. Voilà. Pardonnez cette intrusion, mais je devais vous informer. Il faut frapper les esprits à droite, et le plus vite sera le mieux.

— Merci, Gérald, j'y penserai quand j'aurai le temps. Après mon meeting peut-être… Et là je dois libérer les lieux…

Emmanuel Macron, énervé, pense furtivement que Bertrand a appelé Darmanin, pour un renvoi d'ascenseur entre anciens de l'UMP. Mais il balaie cette idée et compose le numéro de Jonathan Guémas, l'homme qui écrit ses discours et qui n'a pas dormi de la nuit.

— Bonsoir, Jonathan, il est prêt votre topo ?

— Vous ne l'avez pas reçu ? Je l'ai envoyé il y a une heure…

— Ah, c'était ça mon discours ? Je l'avais pris pour un brouillon…

— Vous voulez que je le reprenne ?

— Non, ça ira… L'introduction est acceptable…

Même jour, 20 heures

Comme d'habitude, Jonathan Guémas ne sait pas s'il est vexé ou amusé. Si c'est une *joke* ou un reproche. Et comme d'habitude, en regardant le président à la télé, il ne reconnaît pas la moitié des phrases qu'il a rédigées. Comme d'habitude, il a envie de tout plaquer.

Minuit

Comme d'habitude, le patron appelle son conseiller-discours, plutôt content. Le meeting s'est bien passé. Il y avait du monde. La salle était bondée. Pas d'incident. Les images tournent en boucle à la télévision. Marine Le Pen est sur la défensive ; elle l'accuse de flatter l'immigration, mais son discours sonne comme un vieux refrain. Le président demande à sa plume de préparer « quelque chose » pour le meeting du lendemain. Une centième fois, la plume remet l'ouvrage sur le métier.

UN SECOND TOUR À QUI PERD GAGNE

Vendredi 15 avril, 8 h 20, studios de RTL

Ce matin, elle rit beaucoup. Ce n'est pas bon signe, chez elle. Marine Le Pen est l'invitée d'Alba Ventura. Elle s'esclaffe à chaque question, comme si la campagne était un sketch. La pression du tour décisif agit sur elle et fissure le personnage de force tranquille qu'elle s'était composé depuis des mois dans tous les studios de France. De l'autre côté de la vitre, aux côtés des techniciens, son beau-frère et conseiller Philippe Olivier lui fait signe de ne pas s'énerver, ce qui l'agace encore plus. La semaine n'a pas été très bonne. Le « rolling » quotidien Ifop, qui la plaçait quasi à égalité mardi, donnait hier soir 53/47 pour Macron, et les autres instituts constatent la même tendance. Le meeting de Marseille peut-être, et surtout cette visite surprise, jeudi matin, dans une agence Pôle emploi de Seine-Saint-Denis, où elle s'est fait huer et a dû être évacuée par les forces de l'ordre. Un coup de la CGT, pense-t-elle, en se demandant quel traître a alerté la presse et le syndicat. Elle comptait faire le buzz avec cette descente hors médias sur le terrain, filmée par ses services, et elle s'est retrouvée face à une meute de caméras, une forêt de micros, ainsi que de syndicalistes armés de sacs de farine. Pour un coup médiatique, ce fut une déferlante, et elle enrage. Elle se rêvait en Mère Courage, rendant paisiblement visite au peuple, et elle s'est retrouvée piégée, insecte affolé par la lumière des flashes, et pire encore, en personnage enfariné, exfiltrée par un cordon de police.

Marine Le Pen espérait une campagne en catimini, entre chien et loup, et les esclandres la rattrapent. Le fameux front républicain qui l'a malmenée il y a cinq ans recommence à la cerner. On le croyait mort, et il relève la tête. Avec cette gauche en miette et cette droite désorientée, il a les dents cariées, mais il aboie et ça dérange sa caravane. Il est moins dominant qu'en 2002, quand Jacques Chirac avait assommé Jean-Marie Le Pen au second tour, mais il bouge encore, et pas seulement pour elle.

Mercredi 13, à Grenoble, Éric Piolle en a fait l'expérience : il a cru judicieux de mettre en scène son refus de voter Macron au second tour, en recevant Jean-Luc Mélenchon dans son bureau de l'Hôtel de ville. Depuis lors les deux hommes subissent un flot de critiques indignées dans les médias et sur le web.

Jeudi après-midi, leur façon de ne pas choisir entre Macron et Le Pen, donc de prôner l'abstention à la veille d'un second tour dramatique, a même provoqué un contrechoc spectaculaire : plusieurs anciens Premiers ministres sont sortis de leur réserve en signant une tribune publiée dans *Le Monde* : Édouard Philippe, Bernard Cazeneuve, Manuel Valls, Jean-Marc Ayrault,

Dominique de Villepin, Jean-Pierre Raffarin, Lionel Jospin et même Édith Cresson ont écrit « Réveillons-nous ! ». Leur appel fait grand bruit. Cette assemblée d'anciens chefs de gouvernement admet qu'elle a pu, au fil des années, « par ses erreurs, par ses insuffisances, mais aussi en raison des circonstances » contribuer à la très grave montée en puissance de l'extrême droite en France. Elle déclare que « le temps n'est plus aux états d'âme ni aux états de service, il est au combat frontal, donc à l'union au-delà des divisions, et dans le respect des différences. Il faut voter contre Marine Le Pen, donc choisir Emmanuel Macron, quoi qu'il puisse en coûter à certains d'entre nous ».

Dans leur tribune, discrètement approuvée par Alain Juppé et Laurent Fabius, tenus au devoir de réserve par leurs fonctions au Conseil constitutionnel, les signataires en appellent à un « sursaut républicain », et dénoncent l'appel à l'abstention de Jean-Luc Mélenchon : « Les Français doivent repousser l'aventure que leur propose une brochette de démagogues irresponsables, qui confondent l'opposition et la politique du pire. »

— Ah, ils ont même décongelé Cresson pour finir leur salade ! a osé Marine Le Pen en se gondolant, quand Alba Ventura lui a demandé ce qu'elle en pensait.

On est comme ça, chez les Le Pen, on adore faire des vannes avec le nom des adversaires, en témoignent les célèbres « Durafour crématoire » ou « Mamma Haine Sinclair »...

Quand la candidate a regardé son conseiller en régie et aperçu sa grimace, elle a compris qu'elle dérapait et corrigé le tir :

— Je me moque du ridicule de leur attelage, mais pardonnez-moi d'en rire, cette affaire n'a rien de drôle. Elle est même pathétique. Regardez-les, tous ces chefs de gouvernement soi-disant adversaires ! Les uns de droite, les autres de gauche, et les derniers d'« en même temps » ! En vérité, ils sont tous du même bord et ils tremblent, ils claquent des dents à l'idée d'être chassés. La seule candidature qui représente la différence, la nouveauté, le renouveau, c'est la mienne. La seule chance de tourner la page, c'est de voter Marine Le Pen.

Elle ne ricane plus. Elle a remis son moteur en route. Retrouvé son discours et son aplomb. Elle déroule son programme, « choix patriote contre choix mondialiste, rendre aux Français l'argent dilapidé dans l'immigration, polices municipales armées… ». Elle répond à toutes les questions sur le financement de ses mesures sociales par « le protectionnisme, le patriotisme économique, et l'arrêt de l'immigration ».

Mardi 19 avril

Au lendemain des fêtes de Pâques, les syndicats organisent des conférences de presse pour annoncer leurs meetings du 1er mai. Cette année, le second tour n'enjambe pas la Fête du travail et sa date a provoqué des polémiques. On défilera chacun pour soi, une semaine après que la France aura fait son choix entre l'incertaine continuité d'Emmanuel Macron et le trouble avènement de Marine Le Pen. Plus que jamais, la division éparpille des rangs déjà très clairsemés. Le pays a changé de logiciel. Le 1er mai était le symbole de la lutte éternelle de la gauche contre la droite, il est devenu le symptôme d'un dégoût politique qui touche au nihilisme.

Jusqu'en 2012, entre deux tours de la présidentielle, cette fête du Travail mettait en scène une bataille plus ou moins rangée entre des forces à peu près définies. Depuis 2017, le rendez-vous s'est délité : grotesque affaire Benalla en 2018, gilets jaunes en 2019, trêve du coronavirus en 2020, attaque d'un véhicule de la CGT par des black-blocs l'année dernière… Une eau de boudin collective. Qu'en sera-t-il en 2022, au lendemain du second tour ? Nul ne le sait, mais le diagnostic est accablant : la France ne sait plus ce qu'elle veut.

Autrefois, la gauche descendait dans la rue, représentée par les syndicats, souvent accompagnés de dirigeants politiques, et la droite était sur la défensive. Elle commentait, critiquait, ou tentait d'amadouer. Longtemps le 1er mai fut un rituel à deux. En 1988, un intrus s'est glissé dans le face-à-face. Le chef de l'extrême droite a célébré « Jeanne d'Arc et le travail » en déposant une gerbe au pied de la statue dorée de la place des Pyramides, puis en suivant une messe en latin, et en tenant des meetings aux accents populaires et populistes.

La fête du Travail est alors devenue un « plan à trois », qui s'est prolongé jusqu'en 2012. Cette année-là Nicolas Sarkozy, distancé dès le premier tour par François Hollande, a contre-attaqué au Trocadéro sur le thème de « la fête du vrai travail », pendant que François Hollande promettait aux syndicats « d'être un chef de l'État qui s'attachera à faire vivre notre démocratie sociale », et que Marine Le Pen, auréolée de son bon score au premier tour, défilait jusqu'à l'Opéra, bras dessus bras dessous avec son père, suivie de milliers de militants.

À partir de cette date, la tradition s'est détraquée. En 2015, Jean-Marie Le Pen torpille le 1er mai de sa fille, qui vient de le virer du Front national, en apparaissant en manteau rouge, bras levés, sur la scène où elle doit prononcer un discours. En 2017, pour la première fois depuis 1981, les syndicats descendent dans la rue entre deux tours d'une présidentielle dans laquelle tous les candidats de gauche ont été éliminés. La question n'est plus de faire ou ne pas faire la courte échelle au PS pour l'aider à accéder à l'Élysée, mais, plus crûment, d'empêcher ou de laisser l'extrême droite approcher du pouvoir. Déjà, Jean-Luc Mélenchon fait des circonvolutions.

Aujourd'hui, après cinq ans de mandat, non seulement Emmanuel Macron est fâché avec la plupart des syndicats, mais bien des confédérations sont travaillées de l'intérieur par l'envie de renverser la table en votant carrément pour Marine Le Pen, quitte à se boucher le nez.

Commentant l'image des conférences de presse séparées, Marine Le Pen se frotte les mains. Quelle différence avec le 1er mai 2002, quand son père s'était qualifié pour le second tour ! Quel calme dans la rue ! Quelle apathie ! Quel désarroi syndical ! Elle promet le retour de l'unité. Elle le fait sans moquerie, en retenant les décibels, puisque telle est sa posture de campagne, mesure et gravité, mais elle jubile.

Mercredi 20 avril

Le débat du second tour a failli ne pas avoir lieu. Emmanuel Macron n'en avait pas envie, et Marine Le Pen, échaudée par son ratage de 2017, aurait préféré l'éviter. Une sortie de route est si vite arrivée… Mais on ne contrarie pas les sondages à cinq jours de l'arrivée, surtout quand les sondés exigent le rendez-vous, à quatre-vingts pour cent. Cet affrontement télévisé qui rassemble autant de monde qu'une finale de la Coupe du monde de football est un passage incontournable.

Ils sont tombés d'accord pour un échange de deux heures, dans les studios de La Plaine Saint-Denis, arbitré et relancé par Gilles Bouleau pour TF1, Nathalie Saint-Cricq pour France 2, et Nicolas Demorand pour Radio France, après que les équipes des candidats ont ergoté pour mettre au point la couleur des loges, les éclairages, le maquillage, l'emplacement des caméras, les plans de coupe…

La tension ne cesse de monter depuis le premier tour, ponctuée de sondages plutôt serrés mais qui accordent désormais un avantage de quatre à six points au président sortant. Les meetings se sont multipliés. Des dizaines d'appels ont été publiés. Des incidents sporadiques lors de défilés anti-Le Pen ont suscité des polémiques qui ont meublé des dizaines d'heures d'antenne, et comme d'habitude l'intéressée en a profité pour dérouler ses thèmes fétiches : autorité, sécurité, immigration, islam mêlé à l'islamisme, dans un discours de combat mêlant « la laïcité » et « les racines chrétiennes de l'Occident ».

Mais une campagne électorale, ce n'est pas que du vacarme et des discours. Ce sont aussi et surtout des forces silencieuses qui travaillent les consciences. Le résultat du premier tour a raidi les adversaires de l'extrême droite et désinhibé les hésitants, prêts à se laisser tenter. Certains partis ont serré les boulons, d'autres au contraire commencent à s'éparpiller.

Au bord du précipice, LREM associé au Modem a trouvé une unité qu'elle n'avait jamais connue. On s'est serré, enlacé, on a pleuré, chanté *La Marseillaise*, on s'est embrassés lors de meetings électriques. Acclamé tel un sauveur, Édouard Philippe, qui avait gardé ses distances, a promené sa barbe bicolore aux six coins de l'Hexagone…

Même mouvement au Parti socialiste : les éléphants ont barri d'une même trompe. François Hollande n'a plus parlé tout seul, Ségolène Royal a écouté les autres, Arnaud Montebourg n'a plus joué les abeilles du coche, tout le monde est monté à la barricade, Bernard Cazeneuve en prélat de permanence, Olivier Faure en chef d'orchestre à qui ne manquerait que la baguette. Main dans la main, François, Ségolène, Arnaud, Bernard, Olivier, Jean-Christophe ou Harlem ont fait campagne sur un double serment : « empêcher » Marine Le Pen à la présidentielle, puis s'opposer à Emmanuel Macron lors des élections législatives. Vaste programme.

Rien de semblable à La France insoumise. Une partie des militants et des responsables est choquée par l'absence de consigne au second tour, qui revient à propulser Marine Le Pen. D'autres, au contraire, estiment tout bas que l'abstention ne suffit pas et qu'il faut voter RN pour contrer l'Europe des puissances financières, et « renverser une fois pour toutes le fondé de pouvoir Macron ».

Chez les écologistes, l'appel à voter Macron provoque de l'embarras, voire de la colère, et les divergences s'expriment à ciel ouvert dans ce milieu instable. Il s'ensuit des désordres et des tensions. Des tribunes publiées par *Libération* et *Le Monde* pourfendent ce qui est qualifié de « ralliement à un ultralibéralisme incompatible avec la lutte contre le réchauffement climatique ». Pour compléter le tout, la poignée de main entre Éric Piolle et Jean-Luc Mélenchon a provoqué l'un de ces fameux courts-circuits qui compromettent périodiquement l'avenir des écologistes en France.

Chez les Républicains, l'ambiance n'est pas plus calme. La saignée vers Macron s'est calmée, mais la tentation vers Le Pen s'est renforcée. Pour les Wauquiez, Retailleau, Peltier, Aubert, Morano, Meunier, Tabarot, Boyer, et tant d'autres, la droite classique a honte de ses valeurs. Au lieu de se « décomplexer », elle se prosternerait devant Saint-Germain-des-Prés. Le score de Marine Le Pen a rouvert la boîte à rêves qui s'était un peu fermée après les régionales. On se voit déjà au Conseil des ministres, occupant l'un de ces postes qui échappent aux cadres de la droite depuis 2012. Dix ans d'abstinence, et le Graal à portée de main, c'est trop tentant ; même si Le Pen n'était qu'un appoint et que désormais ce sont eux, les accessoires. Et puis, bon… On se répète que la fille ne traîne pas les « détails de l'Histoire » chers à son père, alors que, à l'évidence, elle lui ressemble un peu.

Après tout, dans les années 1970, quand le PS était petit, Mitterrand n'avait pas hésité à faire alliance avec le mastodonte communiste de Georges Marchais, pour s'en servir d'escabeau. Voilà ce qu'on se répète en cachette, comme pour se rassurer. Les Wauquiez et compagnie se disent tout bas qu'il faut choisir entre une alliance et la disparition. Accéder au pouvoir, même sur un strapontin, ou végéter pour cinquante ans sur les bancs de l'opposition. Les crânes sont des Cocotte-Minute. De l'extérieur, on ne perçoit qu'un peu de vapeur, mais dans une poignée de jours quelques-uns soulèveront le couvercle et franchiront le Rubicon.

Personne ne voit ce qu'il se prépare. On a trop intégré la mécanique de l'élection présidentielle pour en imaginer une autre. Il est admis que tout se jouera dimanche et que les législatives ne seront, comme d'habitude, qu'une simple confirmation. Dans les esprits, le vainqueur du mois de mai est sûr de rafler la majorité en juin. Cette *évidence* est gravée dans l'inversion du calendrier, qui a transformé l'Assemblée nationale en chambre d'enregistrement. Or, la machine s'est enrayée. Le fondement présidentiel de la Ve République a été remis en cause par la vague « dégagiste » de mai 2017. Les Français n'ont pas seulement malmené les politiques, ils contestent aussi les institutions. Ils vont confier les pouvoirs à un homme et les reprendre aussitôt.

Le débat a pourtant anticipé cet entre-deux. Ni vainqueur ni vaincu, mais les deux à la fois. Autant celui de 2017 avait été fulgurant, jetant Marine Le Pen dans une crise de crédibilité qui la poursuit encore, autant celui de 2022 laisse aux commentateurs une impression d'inachevé. Il n'y a eu ni K.-O. ni gagnant évident, si bien que les deux camps revendiquent la victoire. En arrivant sur le plateau, Emmanuel Macron arborait un sourire qui ne souriait pas vraiment, ce qui lui donnait un air de deux airs, et Marine Le Pen était amidonnée de trac, ce qui contrastait positivement avec ses ricanements d'il y a cinq ans. Dans les échanges, le candidat président était embarrassé par son bilan, crises sociales et sanitaires, attentats, déficits, mais tirait avantage de ces épreuves en se présentant comme un Capitaine Courage, capable de traverser les tempêtes. De son côté, la patronne du Rassemblement national s'était débarrassée de la pile de dossiers qui l'avaient plombée en 2017, l'euro qu'elle accepte désormais, le mariage universel qu'elle n'abolit plus, mais en se normalisant elle exaspérait son aile réactionnaire, et acceptait d'entrer dans les complexités européennes qui réduisent les marges de manœuvre nationales et alourdissent par là même la rhétorique des orateurs.

Les échanges ont bien offert leur lot de *punchlines*, comme on dit sur les réseaux sociaux, mais les premiers sondages n'ont pas frémi.

Marine Le Pen a placé quelques-unes des formules préparées par ses équipes : « Vous aimez les premiers de cordée, mais sous votre présidence toute la France a dévissé »... « Avec le virus on a manqué de masques, avec l'immigration on a manqué de frontières : votre France est une passoire »... « Vous dites que la France a un problème d'autorité ? Parlez-en au président »... « Gilets jaunes, retraites, coronavirus, attentats, pour un homme pressé vous avez manqué tous les trains »... « Vous voulez faire une pause dans les réformes ? Allez donc vous reposer. On s'occupera du reste »...

Emmanuel Macron n'est pas resté sans voix : « Après chaque attentat, c'est étrange, vous avez l'air de jubiler, madame Le Pen ! »... « Vous étiez contre l'euro et vous en parliez fort, maintenant vous l'acceptez, mais vous n'en parlez plus. Vous êtes gênée ? »... « Vous avez soutenu les manifestations, même violentes, même antipolices, et soutenu la police. Alors, éclairez-nous : vous êtes pour l'ordre ou le désordre ? »… « Vous voulez plus de dépenses et moins d'impôts. Vous avez une potion magique ? »… « Vous avez critiqué le confinement et refusé le vaccin. En somme, vous êtes contre tout. Contre le verrou et contre la clé »…

Les dernières heures avant le second tour se sont chargées d'une espèce de résignation électrique, dans tous les camps. Une colère militante, porteuse d'orage. Dépit de risquer de passer si près du triomphe, et si près du désastre, autour d'Emmanuel Macron. Dépit d'avoir joué avec le feu et de s'être brûlé, chez les anciens partis de gouvernement, de droite comme de gauche. La tendance des sondages du jeudi 5 mai, et du vendredi 6, est trop stable pour laisser penser que ce débat, moins déséquilibré que le premier, puisse inverser la tendance. L'idée que Marine Le Pen ne sera pas présidente ce dimanche s'impose dans les esprits, mais le plafond de verre contre lequel elle devrait buter est de plus en plus fragile. Certes, elle ne devrait pas chasser le sortant, comme ont pu le faire les deux François, Mitterrand et Hollande ; toutefois, le score que prévoit le chœur des instituts (de 46 à 48,5 %) est trop impressionnant, sous le regard du monde, pour que la vie politique reprenne son cours d'auparavant. L'échec relatif de l'extrême droite, s'il devait se confirmer, serait aussi le revers du vainqueur, Emmanuel Macron, ainsi que le fiasco de toutes les forces qui ont participé aux gouvernements successifs, depuis une quarantaine d'années, des gaullistes aux centristes, des centristes aux radicaux, des radicaux aux socialistes, des socialistes aux communistes, des communistes à

La France insoumise. « Faire barrage à Le Pen ! » Le mot d'ordre est devenu inconsistant, et sa faillite a toutes les chances d'être constatée dimanche.

Dimanche 24 avril

L'atmosphère n'a rien à voir avec l'excitation du 10 avril. Ce jour-là on supputait, on s'interrogeait, on faisait des paris, on guettait les signaux. Il y avait dans l'air ce quelque chose d'anxieux mais aussi de joyeux qui caractérise les grands dimanches électoraux, dans les démocraties. Rien de tel aujourd'hui. Même si l'incertitude du résultat va peser son poids de drame jusqu'à 20 heures, on ne se demande pas vraiment qui va gagner, mais comment Emmanuel Macron va gérer sa victoire catastrophe, et Marine Le Pen sa défaite événement.

Comme prévu, le ministère de l'Intérieur constate dès 12 heures que le taux de participation est en baisse (21,2 % contre 25 % au premier tour). À 18 heures, confirmation, et même abstention record (58 % contre 64,30 %). L'appel de La France insoumise va peser sur les résultats. Le scepticisme aussi, qui revêt des formes diverses : colère, découragement, complotisme, aigreur, détestation. On tremble un peu dans les états-majors : sait-on jamais, et si Marine Le Pen, dans une ultime fureur électorale, devenait présidente ? Les réseaux sociaux le désirent ou le redoutent, pendant qu'un certain remords hante les esprits du côté des partisans de Jean-Luc Mélenchon : et si le cascadeur était allé trop loin ? Et si, à force de défier le destin, il avait aidé l'ennemie suprême, l'opposé, l'extrême droite, à prendre le pouvoir ? Les premières improvisations sur le hashtag #RadioLondres illustrent ces états d'âme : « La Marine est au ciel, merci Janluk ? », ou « Les fachos sont pas fâchés », ou encore « Un Mélenchon ça Trump énormément ».

Comme d'habitude, le grand public va demeurer dans une relative attente jusqu'à 20 heures, mais les rumeurs bien informées vont plus vite que la musique officielle : les fourchettes de plusieurs sondages de sortie des urnes parviennent aux états-majors dès 18 h 30, et sont aussitôt publiées sur Internet par la RTBF ou *La Tribune de Genève*. Elles vont dans le même sens et provoquent l'accablement chez Macron et l'excitation chez Le Pen. L'abstention battra tous les records dans une présidentielle (participation évaluée à 65 % seulement), mais les tendances enregistrées jeudi, vendredi et samedi sont dépassées : on attendait Emmanuel Macron autour de 53 à 55 % des voix, et il ne serait qu'à 52 %.

À l'heure fatidique, après une heure et demie d'éditions spéciales pendant laquelle des chroniqueurs moulinent des perspectives de moins en moins conditionnelles, la fausse incertitude est levée. Ce que tout le monde sait depuis trois bons quarts d'heure est officialisé, et cela provoque abattement chez le *vainqueur*, et colère chez la candidate *battue*. Quand le portrait de l'élu de 2022 apparaît sur les écrans, les cadres et militants macronistes, regroupés au rez-de-chaussée de l'immeuble de campagne, applaudissent mais font grise mine. Le soulagement cède à l'inquiétude. Comment fera le président pour gouverner ? Sur qui s'appuiera-t-il ? Certes, il n'a pas été chassé, mais, pour démarquer Victor Hugo : « Le coup passa si près que le chapeau tomba. » Le chapeau et la couronne. C'est un vainqueur aux traits défaits qui apparaît sur les écrans dès 20 h 15, pour remercier les électeurs, et proclamer qu'il a « entendu leur message » et qu'il en « tiendra compte ». Mais comment tenir compte d'un vote aussi massif pour l'extrême droite ?

Dix minutes plus tôt, Marine Le Pen s'est demandé, sur un ton dramatique, si la moitié de la France qui a voté pour elle allait être bâillonnée ? privée de représentation ? chassée de l'Assemblée nationale au nom d'un système électoral inique ?

La France vient à peine de désigner son président que le débat sur les élections législatives s'impose partout, dans les esprits, dans les calculs, sur les plateaux, et il témoigne d'un malaise inédit.

LE GUÊPIER

Lundi 25 avril, 2 heures du matin,
palais de l'Élysée

Le bureau d'Emmanuel Macron est encore allumé. Le président est seul et il aime ça, mais il est fatigué. Le jeune homme de 2017 a beau se vanter de ne dormir que trois ou quatre heures par nuit, épuisant son entourage, le manque de sommeil et le stress de la fonction marquent son visage, ils pèsent sur ses épaules, lui courbant un peu le dos. Adieu l'euphorie des premiers jours, l'insatiable légèreté de l'être, bonjour le poids des choses. Les traits se sont creusés, les cheveux tirés vers l'avant sont moins abondants, la jeunesse triomphante a laissé place à une maturité préoccupée, qui laisse percer de l'inquiétude, et même du désarroi. Il se sent piégé par le temps, dans le tic-tac des horloges dont il se croyait le maître. Il se donnait l'air grave pour compenser sa jeunesse, et n'a plus besoin de se forcer pour raidir son port de tête. La gravité l'a rattrapé. Lui qui courait derrière la liberté, le pouvoir l'a ficelé. Cette élection le remet à sa place, et sa place, il la cherche.

Quel message adresser à un pays qui ne veut plus rien entendre ? Comment frapper les esprits, de toute urgence ? Comment créer un contre-choc, avec une adversaire aussi spéciale ? Comment intéresser 35 % d'abstentionnistes ? Comment parler au camp d'en face sans céder à son discours ?

« Candidate particulière », l'adjectif s'est glissé dans l'esprit du président sans qu'il s'en aperçoive, et il s'est mis à chanter la chanson des années 1980, quand il était petit :

Je suis un être à la recherche,
Non pas de la vérité,
Mais simplement d'une aventure,
Qui sorte un peu de la banalité,
Partenaire particulier,
Cherche partenaire particulière,
Débloquée, pas trop timide,
Et une bonne dose de savoir-faire,
Savoir-faire…

Il sourit et saute sur son téléphone.

— Bonsoir, Xavier, je ne vous dérange pas, à cette heure-ci ?

Au bout du fil, Xavier Bertrand, en dépit de ses efforts, répond d'une voix d'ordinateur en rade. Il venait de s'endormir, harcelé par son portable. Tout l'état-major des Républicains s'est relayé depuis la veille pour lui répéter mille fois la consigne. Se taire avant la réunion du groupe, mardi matin. Ce siège téléphonique l'exaspère. L'appel du président lui changera les idées. Il réprime un bâillement.

— Vous ne me dérangez jamais, monsieur le président.

— Monsieur Bertrand, vous l'aurez noté vous-même, la France se trouve dans une situation particulière. Elle a besoin d'être entendue et nous devons lui faire savoir que nous sommes à l'écoute. Nous devons lui envoyer un message fort. D'autant plus puissant qu'il sera simple et lisible.

— Pas « nous », monsieur le président de la République. « Nous », nous avons été battus. C'est « vous », et vous seul qui êtes en charge. C'est vous qui venez d'être réélu, pas moi…

Xavier Bertrand devine ce que va lui proposer le président. Matignon bien entendu, et ça ne l'éblouit pas. Les lots de consolation ne sont pas à sa mesure. Il se sent appelé depuis dix ans pour jouer le premier rôle, pas celui d'aide de camp. La perspective de devenir Premier ministre lui paraît décevante. Le président l'endort avec ses longues explications, trop longues, comme d'habitude. Il sait déjà tout ça : après le vote de la veille, on ne peut pas donner au pays le sentiment que tout recommencera comme avant.

— En me nommant, vous auriez l'air de choisir la droite, et la gauche vous rejetterait.

— Je choisirais la France. C'est elle qui vient de s'exprimer. Avez-vous vu les résultats du premier tour ? La droite est si majoritaire, dans tout le pays ! Et puis nous pourrions compenser. Votre image n'est pas celle d'un homme de droite mais d'un homme du peuple. Vous pourriez faire appel à des ministres issus de la gauche, Yannick Jadot par exemple, il accepterait peut-être…

Xavier Bertrand remercie, souligne qu'il est personnellement sensible à la proposition, promet qu'il y réfléchira, mais il coupe court.

— Je vous entends, mais il y a un problème…

— Nous trouverons une solution. Le seul problème c'est de ne pas assez vouloir.

— Pas ce soir. Ce soir je ne m'appartiens plus.

Le président des Hauts-de-France a consenti à justifier sa lassitude. Pendant la présidentielle, en dépit des résistances internes, il a porté la voix des Républicains, il est devenu leur incarnation, or les Républicains viennent de le rappeler à l'ordre. Ils refusent de rejouer leur drame de 2017, quand une partie de leur groupe avait rejoint le vainqueur de l'élection. Cinq ans plus tard, ils sont convaincus que toute entente avec le président réélu serait considérée comme un autre ralliement, et que cela compromettrait les chances de leurs candidats, dans cinq cents circonscriptions. À titre personnel, il admet l'idée d'une union nationale, mais il sera loyal jusqu'aux législatives. Ensuite ? On verra bien.

— Ensuite ce sera trop tard, Xavier.

— Mais maintenant ce sera trop tôt. Je crains que la décision ne soit déjà prise et que je doive la subir.

— Comme vous voudrez… Cette discussion reste entre nous, naturellement…

— Entre nous et la presse qui me harcèle. Vous n'êtes pas seul à avoir pensé à moi, cher Emmanuel… Bonne chance pour la suite, et pour nous tous…

Mardi 26 avril, 7 h 30, même lieu

Couché à 3 heures, le président est de retour dans son bureau, dont il compense le faste par une simple table en bois foncé. Une planche de style contemporain dans un océan de lambris, d'appliques, de moulures. En ce lieu tout est d'or, y compris le silence, sauf le budget de l'État, plus exsangue que jamais après la catastrophe du coronavirus.

Le président a donné rendez-vous à celui qui est sans doute son compagnon le plus proche, Alexis Kohler, secrétaire général de l'Élysée, pour préparer la réunion qu'il tiendra dans la foulée avec Jean Castex, le Premier ministre, François Bayrou, le patron des centristes, Richard Ferrand, le président de l'Assemblée nationale, Christophe Castaner, le président du groupe LREM à l'Assemblée, et François Patriat, le président du groupe des sénateurs macroniens.

De Kohler, on dit qu'il est la boussole du président : « Macron a deux repères, sa femme et Alexis », résume un conseiller. Le seul aussi, paraît-il, qui puisse faire changer d'avis Macron. L'un des rares qui ne parlent pas à tort et à travers. Il s'exprime peu en réunion, toujours avec des mots précis, et jamais à l'extérieur. Une tombe aimable, derrière sa petite bouche charnue et ses lunettes de poisson rouge. Un serviteur décisionnaire au visage dessiné par Hergé. Macron peut tout lui dire sans risquer d'être piégé. Il peut improviser, tâtonner, hésiter, revenir en arrière, effacer, recommencer, et même confier son impuissance.

— Je suis coincé, Alexis, parfaitement coincé. Les Français veulent du changement et ils m'ont réélu. Pour gagner les législatives, je dois prouver que le changement c'est moi, et je n'ai pas de solution, je suis la continuité. Pour ouvrir les fenêtres, il n'y a pas trente-six moyens. Je dois accepter l'union sacrée contre Le Pen, et cette union doit s'incarner dans le prochain gouvernement, elle doit se voir comme le nez au milieu de la figure. Or, la droite et la gauche veulent se compter, et c'est normal, pour obtenir le maximum de députés. Elles jouent chacune pour soi. Elles vont se pousser du col et pas rentrer la tête dans les épaules. Pour l'union nationale, elles vont me renvoyer aux calendes grecques, or j'en ai besoin tout de suite. Il faut taper sur la table, maintenant et pas demain.

— Appelez Xavier Bertrand.

— C'est fait. Il est plus coincé que moi. Les Républicains l'ont ficelé.

— Voyez Jadot.

— Encore moins libre. Trop occupé par ses luttes de chapelle.

— Alors, maintenez Castex… Pour du renouvellement, l'effet sera stupéfiant.

Il est pince-sans-rire, Alexis Kohler, et il n'aime pas Castex.

— Merci de ce précieux conseil, Alexis. Vous m'avez éclairé. Je vais décoincer tout ça…

Le secrétaire général ne sait pas si le président lui fait part d'une perspective ou d'un dépit glacé.

9 heures, au même endroit

C'est un rendez-vous formel, dont rien ne sortira. Personne n'est dupe. Chacun sait ce que dira l'autre, et le président se taira, comme d'habitude. Qu'il décide ou ne décide pas, il hésite jusqu'au moment où ses désirs deviennent des ordres. S'il doit trancher quelque chose, il le fera en tête-à-tête avec lui-même, dans la journée. Pour l'heure, on rumine à voix basse. Les législatives sont incertaines, les sondages le confirment et chacun prêche pour sa paroisse. François Bayrou veut préserver son groupe, Christophe Castaner s'inquiète pour La République en marche et pour lui-même, François Patriat est heureux d'être aux abris dans la planque du Sénat, Richard Ferrand éprouve déjà la nostalgie du perchoir. Quant à Jean Castex, il se tait mais devine ce qui l'attend. Il verra le président dans la foulée, proposera sa démission sans savoir si elle sera acceptée, comme il le redoute, ou refusée, comme il l'espère.

En clôturant des débats qui n'ont débattu de rien, Emmanuel Macron trouve moyen de doucher ses interlocuteurs, pour peu qu'ils aient encore des illusions :

— Vous aurez noté, messieurs, que le temps des majorités absolues est sans doute révolu. Il va falloir nous appuyer sur des alliés. Donc, leur faire de la place. Réfléchissez-y au moment d'accorder vos investitures.

Fin de partie. Les invités se retirent en murmurant. Castex est maintenant seul face au président, qui va décider de son sort. Emmanuel Macron ne lui laisse pas le temps d'ouvrir la bouche. Il se lève de derrière son bureau, le prend affectueusement par l'épaule et l'invite à s'asseoir à ses côtés, sur le fauteuil des invités, d'homme à homme, pour ainsi dire d'égal à égal – sauf que l'un va trancher et que l'autre est sur la planche. L'encore Premier ministre comprend vite que cette soudaine proximité tient davantage de la dernière cigarette que de la tacite reconduction. Avec son impayable allure de Stan Laurel et d'administrateur du syndicat intercommunal des roubines et fossés, il ouvre son cartable, en sort sa démission, la tend au président :

— Je pense, au vu des circonstances, que ma mission est accomplie. Je suis honoré d'avoir travaillé à vos côtés, mais mon devoir est de laisser la place à un nouveau chapitre. J'ai donc l'honneur de vous présenter la démission de mon gouvernement.

La réponse tombe dans la seconde :

— Et j'ai malheureusement l'honneur de l'accepter…

Le président pose la main sur l'avant-bras de celui qui va partir. Il le regarde dans les yeux, longuement, chaleureusement, comme on le fait pour un ami en deuil, une fois que la messe est dite.

— Les circonstances m'obligent, cher Jean, mais je n'oublierai pas votre loyauté ni le travail accompli dans des conditions difficiles. Je n'ai pas encore en main les éléments de ma décision. Gardons donc cet échange entre nous, jusqu'à l'annonce du prochain Premier ministre. Il se pourrait que ce soit vous, il se pourrait que ce soit un autre. Je n'ai pas décidé.

Dans le hall du rez-de-chaussée, avant de sourire aux photographes qui le guettent, Jean Castex passe devant la sculpture monumentale en marbre blanc intitulée *Hommage à la Révolution de 1789*, installée à l'occasion du bicentenaire de la Révolution. Il se frotte la nuque en pensant que le président vient de lui trancher la tête, mais à moitié. Si Emmanuel Macron n'en trouve pas une autre, il saura la recoller. Ainsi vont les délices de Matignon.

LeMonde.fr vient de lancer une alerte annonçant les sujets de son édition de l'après-midi. Un titre se détache : « Législatives : La grande incertitude. » Il s'agit d'une synthèse de sondages réalisés par plusieurs instituts, à partir de questions posées la veille aux électeurs, à la sortie des urnes. Pour la première fois depuis 1981, aucun courant n'est assez net pour établir une projection en sièges. D'ordinaire, après une présidentielle, le parti du vainqueur bénéficie d'un appel d'air qui lui permet d'atteindre une majorité plus ou moins confortable, mais toujours indiscutable. Rien de tel cette année. Au milieu d'une très forte abstention, aucun parti ne se détache. Personne ne peut prétendre à devenir la majorité à lui tout seul, les alliances sont incertaines et les divisions multiples. De plus, le mode de scrutin n'a pas été réformé, aucune dose de proportionnelle ne peut donc atténuer les coups de barre d'un scrutin capable de dégager une majorité absolue de sièges pour une coalition dépassant à peine 30 % des votes exprimés. À ce jeu, tout le monde peut gagner et tout le monde peut faire naufrage.

Fait exceptionnel, les candidats du Rassemblement national, ceux de la majorité présidentielle, ceux des Républicains et des écologistes associés aux socialistes sont donnés au même score, 20 %, tandis que La France insoumise est placée autour de 10 %, Debout la France de Nicolas Dupont-Aignan est à 5 %, l'extrême gauche à 3 %, le Parti communiste à 2 %. Il suffirait que l'un des partis situés autour de 20 % soit rejoint par un partenaire équivalent en voix pour que cette coalition emporte la mise. Chacun surveille donc sa calculette et l'assiette de son voisin, de la droite à l'extrême droite, et des écologistes alliés au PS et au PC jusqu'à La République en marche. Seule La France insoumise échappe à cette arithmétique. Trop isolée, elle ne songe qu'à sauver son groupe parlementaire.

Il va s'ensuivre, à l'intérieur des blocs, des débats fiévreux, parfois dramatiques, jusqu'au dépôt des candidatures, entre le lundi 16 et le vendredi 20 mai. Former une coalition est nécessaire, mais s'allier revient à s'effacer, dans certaines circonscriptions, et cela crée des tensions entre l'état-major et les échelons locaux.

20 heures, journal de France 2

Yannick Jadot rame, chez Anne-Sophie Lapix. Depuis des mois, il bataille contre Éric Piolle. Il a passé un accord avec le Parti socialiste, qui l'a soutenu dès le premier tour pendant la présidentielle, et doit maintenant renvoyer l'ascenseur à l'occasion des législatives. Il assure qu'Europe Écologie mènera les listes d'union dans deux cents circonscriptions gagnables, et le PS dans une centaine, mais le maire de Grenoble est entré en rébellion. Il refuse que ses amis puissent s'effacer au profit de socialistes et vient d'annoncer que, dans l'Isère, les candidats et candidates de son mouvement seront « désigné.e.s par les instances locales et négocieront ensuite avec La France insoumise ». À Bordeaux et Lyon, Pierre Humic et Grégory Doucet, moins catégoriques, ont regretté « des méthodes jacobines », et réclamé que les instances régionales soient consultées et entendues.

Tout au long de la journée, pendu au téléphone, Jadot a tenté de convaincre. Sondages en main, il a répété que des candidatures autonomes conduiraient presque partout à l'élimination dès le premier tour, et que l'accord de gouvernement avec le PS et certaines formations du centre pourrait mener au pouvoir. Peine perdue. Dans une cinquantaine de circonscriptions, dont certaines à Paris, des Verts se sont associés à La France insoumise et concurrencent les candidats officiels. Visiblement excédé, Jadot durcit le ton. Depuis trente ans, les écologistes ont l'habitude de se déchirer en congrès. Cette fois c'est à ciel ouvert, à la télévision, au journal de 20 heures.

— J'assumerai mes responsabilités. Mon rôle est d'amener enfin les écologistes au pouvoir. Les seuls candidats autorisés à se réclamer d'Europe Écologie sont ceux dont le nom figure dans l'accord national signé avec le Parti socialiste, avant la présidentielle. Les dissidents seront exclus.

Mercredi 27 avril, 10 heures,
siège du Parti socialiste

Ça ne va guère mieux dans le bureau d'Olivier Faure, l'artisan principal de l'accord avec les écologistes. C'est lui qui a milité pour l'effacement du PS derrière Yannick Jadot dans la course à l'Élysée, en échange d'un accord pour les législatives. Les ténors de la grande époque ne l'ont pas bien vécu. Valérie Rabault, la présidente du groupe à l'Assemblée sortante, s'inquiète des surenchères écologistes :

— Ils sont irresponsables. L'un s'engage, l'autre discute, et le troisième rejette. En 2012 nous avions deux cent quatre-vingts députés, en 2017 nous n'étions plus que vingt-cinq. À cette cadence, en juin prochain, nous aurons tous disparu.

Même Bernard Cazeneuve, qui n'a pas critiqué l'alliance avec Jadot, en dépit de ses réserves, finit par déplorer « le bazar chez les Verts » et conclut par ce réquisitoire :

— Quand nous étions puissants, ils nous accusaient d'être hégémoniques, mais l'élève a dépassé le maître. Ils veulent tout. Ils ont eu la candidature à la présidentielle, et maintenant ils crient au scandale pour soutenir nos candidats aux élections législatives. Les plus proches de Jean-Luc Mélenchon nous opposent des concurrents. Ce n'est pas acceptable. Ce n'est pas républicain. Transmettez notre mécontentement et, si nécessaire, notre refus.

11 heures, au siège des Républicains

À droite, on est au bord de l'implosion. La réunion initialement prévue le mardi a été repoussée d'un jour pour tenter d'apaiser les tensions. Christian Jacob est malmené. L'aile dure de l'ancienne UMP se déchaîne, conduite par Julien Aubert et bruyamment soutenue par Geoffroy Didier, Édouard Courtial, Lydia Guirous, Philippe Meunier, ou Sébastien Huyghe. Laurent Wauquiez approuve de loin, sur les hauteurs. Il mène la guerre mais pas la charge. Brice Hortefeux, qui reste muet, n'en pense pas moins. Il est pris entre deux feux. Ami de Nicolas Sarkozy, il symbolise la légitimité et ne peut soutenir les mutins, mais il en meurt d'envie. Le choix de Xavier Bertrand l'a agacé, comme il a exaspéré les partisans de « la grande alliance de toutes les droites ». L'approche des législatives, avec son parfum de revanche, les fait sortir du bois :

— Avec Marine Le Pen, la droite française a représenté 48 % des Français, et nous, nous les Républicains, nous la droite historique, nous regardons notre nombril, caché derrière nos feuilles de vigne ! Nous en restons à nos pudeurs ! Nous avons honte de ce que nous sommes ! Nous, les héritiers de la droite, nous avons appelé à voter pour Macron, le successeur de François Hollande et de François Mitterrand ! Mais qui sommes-nous pour en être arrivés là ?

Christian Jacob est bousculé. Il est difficile de raisonner la rage, surtout quand on l'éprouve un peu. Il en appelle à la prudence. Il dit qu'il y a des droites républicaines, et d'autres qui le sont moins, ou pas du tout. Il évoque Donald Trump, soutenu par Marine Le Pen, la fin pathétique et scandaleuse de son mandat. Rien n'y fait, sa voix se perd, la fureur de la salle est une crue dans laquelle il se débat, et qui l'emporte. Gérard Larcher le voit, lui demande de s'asseoir et se lève, ou plutôt se déploie. Les gros, ça impressionne, en politique. Les kilos donnent de l'épaisseur. La salle se calme. La rumeur baisse d'un ton. Méfiez-vous des rondouillards, ils ont des crocs dans leur double menton.

— Marine Le Pen vous inspire et vous attire, messieurs et mesdames les candidats ? Eh bien, n'hésitez plus ! Rejoignez-la… J'en prends acte… (*Une longue respiration…*) Mais, avant de nous quitter, je voudrais vous rappeler un détail. Oh, pas grand-chose : pensez à laisser vos investitures au vestiaire, elles feront des heureux. Une foule de militants fidèles s'en contenteront, et nous les leur confierons. Ils seront les cadres de demain. Quant à vous, je ne doute pas que votre nouvelle dirigeante vous offre des circonscriptions, en lieu et place de ses amis. Le dépôt des candidatures c'est bientôt, soyez sûrs qu'ils vont se sacrifier pour vous !

Le message est passé cinq sur cinq et il a jeté un froid. Une douche glacée. Les révoltés du *Bounty* ont compris qu'il était un peu tard pour changer d'amiral et qu'ils allaient se retrouver à la baille. Ils sont revenus au bercail en maugréant, mais revenus quand même, et se sont engagés, vaille que vaille, à respecter la ligne : ni Macron ni Le Pen. Au premier tour des législatives, il n'y aurait pas d'alliance entre la droite et l'extrême droite.

Ils se sont quittés sans parler du second tour, mais juste après la réunion, Laurent Wauquiez, Guillaume Larrivé, Guillaume Peltier, Julien Aubert, Nadine Morano et Laurence Trochu sont allés déjeuner ensemble à la brasserie Le Bourbon, en vitrine, au vu et au su du Tout-Paris de la politique. Quand on n'a pas le pouvoir, on compense par la rumeur.

Dans son édition de la semaine suivante, *Le Canard enchaîné* a révélé que, dans la foulée de ces agapes, Julien Aubert et Marine Le Pen s'étaient longuement entretenus au téléphone. Julien Aubert a démenti, Marine Le Pen a rigolé.

15 heures, domicile de Jean-Luc Mélenchon

Depuis le premier tour, « le Che », comme l'appellent gentiment ses amis et rageusement ses adversaires, oscille entre l'exaltation et la dépression. Il a la certitude de pouvoir tout foutre en l'air et la conscience de ne plus rien casser du tout. À placer la barre trop haut, on tombe d'autant plus bas. Depuis le temps qu'il annonçait le Grand Soir de sa consécration, il vit mal la retraite qui se profile.

Bilan… Deux mois après l'élection d'Emmanuel Macron en 2017, il annonçait sa chute, or le sortant vient d'être réélu. Un an après, il s'est senti porté par une marée jaune irrésistible, or elle s'est évaporée. Il a surfé sur les colères en rêvant de « convergence », jusqu'à soutenir des intégristes religieux, lui le laïc dans l'âme, mais l'embrasement de la révolution en est resté au stade du brasero. Gilets jaunes, retraites, coronavirus, masques, absence de masque, vaccins, absence de vaccin, appel à l'insurrection et à l'ordre républicain, il a soufflé sur toutes les braises et fini par s'asphyxier.

Battu, il s'est barricadé. N'étant pas homme à s'autoflageller, il a désigné l'ennemi, le comploteur de ses déboires : le Parti socialiste. Il y est né, y a grandi puis prospéré, mais s'est senti mal-aimé. Depuis quinze ans, il maudit sa famille. L'unique objet de son ressentiment c'est « Solferino » et les « solfériniens », même s'il les a réduits à presque rien, et s'ils n'habitent plus dans cet hôtel particulier des beaux quartiers, mais à Ivry.

À ses amis, il répète que la cause de son échec c'est l'alliance des socialistes et des écologistes, et ses amis,

Corbière, Quatennens, Coquerel vont de studio en studio, comme des perroquets furieux, pour le dire à leur tour. En 2017, ils accusaient déjà Benoît Hamon de ce même régicide. L'enfer c'est forcément la rose. Même s'il ne l'admet pas, Mélenchon n'a qu'un objectif : faire tomber ceux qui l'ont empêché. Donc la consigne est simple : partout où des socialistes auront un candidat gagnant, il mettra dans leurs pattes un candidat France insoumise, allié quand c'est possible à un écologiste dissident. Ayant fait le deuil de la victoire, Mélenchon a juré de partager sa défaite en camarade.

17 heures, domicile de Marine Le Pen

Elle a une drôle de sensation, Marine Le Pen. Elle est sur un nuage et ça lui donne le vertige. Son score du second tour a fait taire le procès en incompétence alimenté depuis son débat raté de 2017. La perspective est dégagée, mais son rêve lui fait peur. Elle désire le pouvoir, mais l'assumer l'ennuie. Elle aime trancher et décider, dans ces moments elle se sent vivre, mais il y a « les emmerdeurs », les courtisans, les quémandeurs, les calculateurs, les aigrefins. Elle mesure sa montée en puissance au nombre d'appels qui font vibrer son téléphone. Avant d'avoir dit « ouf » après son score du premier tour, une cour pressante s'est formée autour d'elle et commence à « lui casser les couilles », comme elle dit dans son langage fleuri. Julien Aubert lui a mangé dans la main, Thierry Mariani, qu'elle aime bien, la tanne pour obtenir le ministère des Affaires étrangères, afin de conduire une politique de rapprochement avec la Russie de Vladimir Poutine qu'il se flatte de fréquenter, et maintenant Dupont-Aignan ramène sa fraise au téléphone. Ils se sont rapprochés en 2017, puis éloignés, puis re-rapprochés, puis re-brouillés, mais n'ont jamais rompu, forcément. Ils pêchent dans les mêmes eaux, et les harpons dans le dos n'empêchent pas les rapprochements. Dupont-Aignan peut représenter jusqu'à 7 % des électeurs, ce qui le rend incontournable. Elle décroche après avoir lâché un soupir :

— Bonjour, Nicolas.

— Bonjour, Marine. Puis-je encore t'appeler par ton prénom ? Tu es passée si près de « madame la présidente » !

— Et toi si près de « monsieur le Premier ministre ».

Elle s'esclaffe, comme si c'était une blague de fin de repas, pendant qu'il sourit en tordant le bout du nez…

— Marine, si nous passons un accord pour les législatives, nous sommes sûrs de gagner.

— Je sais… Et tu veux quoi ?

Il veut au moins trois ministères, dont un ministère d'État pour lui, peut-être quatre, et surtout des circonscriptions gagnables, pour lui et ses amis. Elle répond qu'elle en prend note et qu'elle réfléchira, mais « ce nain qui la jalouse » lui donne de l'urticaire. Voir ce type débarquer en sauveur, elle se dit que c'est le monde à l'envers. « Mimie Mathy vole au secours d'Arnold Schwarzenegger », s'énerve-t-elle en aparté. Mais bon, elle n'a pas le choix. Elle sait qu'elle acceptera, et pire encore, qu'il le sait autant qu'elle.

— À demain, madame la Première ministre.

17 h 15, palais de l'Élysée, Salon doré

Alexis Kohler pousse la porte du bureau présidentiel. Il a le visage amusé. Emmanuel Macron lève les yeux, préoccupé.

— Monsieur le président, j'ai la solution, pour Matignon. Elle vient de m'arriver par téléphone.

Il rit.

— Tu ne devineras pas…

Le président fronce les sourcils.

— Dupont-Aignan ! Il vient de m'appeler. Il propose de devenir Premier ministre. Il dit que la seule solution pour éviter Marine Le Pen, c'est lui !

Ça n'amuse pas Macron, toujours tendu.

— Et moi, il me voit dans le rôle du Chanteur de Mexico ? Le pire, c'est qu'il a un peu raison.

Un ange passe. Le président invite son ami et secrétaire général à s'asseoir, et lui dit qu'il a des pistes pour le nouveau gouvernement. L'entretien dure. Kohler redresse d'abord le buste comme s'il faisait obstacle à ce qu'il entend, puis se détend, et prend enfin des notes en commentant chaque mot. Lorsqu'il quitte le Salon doré, il éprouve un mélange d'espoir et de résignation. Il ira au charbon, mais ce charbon lui déplaît, même si c'est la solution. Dupont-Aignan va passer un accord avec Le Pen, une partie de la droite la rejoindra aussi, et un tiers des électeurs de Mélenchon fera de même dans l'espoir de tout casser. Il faut contrer la bidouille par la bidouille. Bloquer le bricolage des extrémistes par l'union de tous les autres. Avant de refermer la porte, Kohler se retourne :

— Ta solution, Emmanuel, c'est pas un autre bricolage ? C'est pas le retour de l'ancien monde ?

— Tu peux le voir comme ça.

— La fin du nouveau monde que tu portais il y a cinq ans ?

— Je ne peux pas dire le contraire.

— Ça ne tiendra jamais cinq ans.

— Je sais. Mais ça peut tenir un mois, et bloquer la Le Pen. Ensuite on verra bien. Donc tu appelles Bernard Cazeneuve, puis un par un tous les anciens Premiers ministres, à l'exception de Fabius et Juppé qui sont astreints au devoir de réserve.

LE JOKER CAZENEUVE

Jeudi 28 avril, 9 heures

Parmi le personnel politique, Bernard Cazeneuve est une figure à part. Il cultive une image d'honnête homme, scrupuleux sur la morale républicaine, respectueux des lois, des usages et des êtres, en dépit d'une affaire embarrassante : le décès du militant écologiste Rémi Fraisse, vingt et un ans, tué par une grenade lancée par un gendarme, pendant les affrontements sur le barrage de Sivens, en 2014. La famille a porté plainte contre le militaire, en soupçonnant Cazeneuve d'avoir écrasé l'affaire. Plusieurs procès plus tard, la Cour de cassation a confirmé le non-lieu prononcé par la cour d'appel de Toulouse, mais la réputation de l'ancien ministre de l'Intérieur en a un peu souffert. S'il reste un sage apprécié au PS et respecté à droite, il est détesté à l'extrême gauche, et par certains écologistes. Quand il a remplacé Manuel Valls à Matignon, cinq mois durant, cet intérim a confirmé son profil atypique : une fermeté épiscopale, une insistance à invoquer la hauteur nécessaire au débat politique, un précipité de retenue cérémonieuse et de raideur volontariste, un cocktail qui fait de lui un personnage de référence, un homme qui rassure, qu'on écoute, voire qu'on espère, et en même temps un notable antipathique aux yeux de quelques-uns.

Quand Alexis Kohler l'a appelé ce mercredi matin pour lui proposer Matignon, il s'est mis en colère à sa façon, c'est-à-dire à voix feutrée, poliment, avec cette distance outragée qui est l'une de ses marques de fabrique : plus il est en colère et plus il parle bas, légèrement dans les aigus.

— Avec tout le respect que je vous dois, monsieur le secrétaire général, et que je dois au président de la République, pensez-vous sérieusement que je puisse accepter de devenir une « prise de guerre », comme disait le président Sarkozy ? Vous me voyez dans le rôle d'Éric Besson ?

— Il ne s'agit pas de cela, monsieur le Premier ministre, et vous le savez bien.

— Dès lors, comment pouvez-vous imaginer que le fidèle de François Hollande, serviteur de son parti, le Parti socialiste, et de la gauche en général, puisse accepter, à un mois et demi des législatives, de servir le président Macron, dont il est un opposant ? Telle n'est pas ma conception de la vie politique.

— Puisque vous êtes ce que vous êtes, imaginez la République, et la France, notre France, entre les mains de Marine Le Pen. Dans un mois, elle pourrait disposer d'une majorité à l'Assemblée, et il serait alors trop tard. Que diriez-vous de ceux qui se sont croisé les bras en contemplant la catastrophe, au nom des grands principes ? Résister ou laisser faire, il va falloir choisir…

S'est ensuivie une très longue discussion, une heure peut-être. Bernard Cazeneuve a admis la gravité de la situation. Seule une coalition pourrait sauver les législatives, mais il était un opposant et il le resterait. Donc il n'était pas l'homme de la situation. Sauf cohabitation, un président recherche un « collaborateur », non un adversaire. Mais à chaque objection, Alexis Kohler a répondu par la même formule : « Le président en est conscient et il est prêt. »

À bout d'arguments, Cazeneuve a voulu rompre :

— Monsieur le secrétaire général, mesurez-vous la portée de ce que vous avancez ? Vous proposez, ni plus ni moins, de réduire les pouvoirs du président de la République ! Vous proposez d'installer l'opposition dans son gouvernement ? Pire encore, pour les législatives, vous auriez un Premier ministre qui ferait campagne pour ses amis socialistes, et pas pour le parti du président ? Ce que vous décrivez s'appelle la cohabitation. Oui, la cohabitation ! Comme si vous aviez perdu les élections et que je les avais gagnées !

— Le président en est conscient. Et il est prêt.

— Dans ce cas, dites-lui de m'appeler. Je n'ai pas pris ma décision, mais c'est avec lui et lui seul que je dois envisager la suite.

10 heures

Le téléphone de Bernard Cazeneuve a sonné cinq minutes plus tard. Emmanuel Macron a repris l'essentiel des arguments développés par son secrétaire général. Il avait l'air sincère et profondément préoccupé, s'exprimant à voix basse, presque des confidences : il affrontait, disait-il, une situation qui oblige à oublier ses intérêts pour ne songer qu'au destin du pays. Le général de Gaulle ne s'était-il pas allié aux communistes à la sortie de la guerre, tout en les détestant et en se méfiant d'eux ? Pour le prochain gouvernement, il avait son idée : une équipe de large union, publiquement soutenue par tous les anciens Premiers ministres de la Ve République, et rejointe par Nicolas Hulot, personnage emblématique « malgré son inconstance et ses sautes d'humeur ». Une alliance fragile mais de salut public, qui se romprait sans doute après les législatives, on verrait bien, mais une forme de tocsin pour éteindre l'incendie, empêcher la victoire de l'extrême droite en frappant les esprits.

— Acceptez-vous d'incarner cette résistance, monsieur Cazeneuve ?

— Je ne prendrai aucun engagement sans le consentement du Parti socialiste et des écologistes…

— Cela va de soi.

11 heures, siège du Parti socialiste

Olivier Faure s'est d'abord indigné :

— Ce serait une trahison, Bernard…

Cazeneuve a tenté d'expliquer. Il n'irait pas à Matignon sans l'accord du parti, et s'il y allait, ce serait en opposant.

— Opposant pour la forme, ou opposant comme le furent Chirac, Balladur, ou Jospin ?

— Crois-tu que je t'aurais consulté si c'était autrement ?

— Tu diras publiquement que tu restes un opposant ?

— Je le dirai.

— Et Macron est prévenu ?

— Autant que toi.

L'idée a cheminé. Le patron du PS, si souvent humilié pour son absence de charisme, a pensé au mépris agressif de La France insoumise, à Mélenchon, à certains écologistes. Cazeneuve à Matignon, si l'affaire était bien gérée, ce serait presque une centaine de circonscriptions gagnables, ce qui n'est pas rien. Lui qu'on accuse de ne pas exister serait l'homme qui aurait su ressusciter son parti. Il s'est dit que, pourquoi pas. Pourquoi ne pas en finir en renversant la table ?

Olivier Faure a donné son accord de principe, en rappelant ses conditions :

— Tu diras publiquement que tu rejoins Macron en ta qualité d'opposant, à l'intérieur d'un front républicain, pour contrer l'extrême droite. Tu ne te rallieras pas.

Réponse de Cazeneuve :

— Tu deviens blessant, Olivier.

11 h 30

Même ambiance avec Yannick Jadot, en pire. Des injonctions, des noms d'oiseaux, le téléphone qu'on raccroche, un texto de Cazeneuve : « Écoute-moi jusqu'au bout, tu auras le dernier mot », puis le rappel de l'écologiste, le refus, le doute, et au bout, finalement, les questions qui reviennent en boucle :

— Tu as dit à Macron que si tu allais à Matignon, ce serait en opposant ?

— Oui.

— Explicitement ?

— Oui.

— Ce serait une cohabitation ?

— Oui, sinon je ne serais pas là à essayer de t'expliquer.

— Tu fais chier.

— Arrête de m'injurier… Ce n'est pas convenable.

— Je ne t'injurie pas, je te prépare. Dis-toi que mes petits gros mots sont des douceurs par rapport à ce que tu vas subir dans l'opinion, dans la presse, à droite, à gauche, chez certains écologistes…

— Je m'expliquerai, comme je t'explique. Les circonstances sont extraordinaires. Marine Le Pen est aux portes du pouvoir. Une partie de la droite est sur le point de la rejoindre.

— Personne ne t'écoutera… Ton histoire ne tient pas la route. Macron vient de gagner la présidentielle, et il t'appellerait, toi, comme si tu avais remporté des élections législatives qui n'ont pas encore eu lieu ?

— Il a si mal gagné ! Avec ce 52-48, Marine Le Pen a perdu mais elle a créé la sensation. Cette année, l'appel d'air de la présidentielle ne soufflera pas sur les législatives ! Est-ce que tu mesures le risque ? Tout est possible… Macron n'a pas le choix. Soit il affiche un front républicain, soit il appelle Marine Le Pen à Matignon, tout de suite…

— Et la droite, tu crois qu'elle va marcher ?

— Pas toute, mais le président a contacté les anciens Premiers ministres qui ont signé l'appel en sa faveur, dans la tribune du *Monde*, et ils sont prêts à faire un geste.

— Donc, Macron accepterait de partager ses pouvoirs ?

— Il n'a pas le choix…

— Je réfléchis et je te rappelle.

Yannick Jadot, déstabilisé, sonde quelques amis très proches, dont sa compagne, la journaliste Isabelle Saporta, qui ne s'encombre pas de précautions oratoires. Elle qui a qualifié d'« idées à la con » les discours du maire écolo de Lyon à propos du Tour de France, l'initiative de celui de Bordeaux sur les arbres de Noël, ou l'intention de « dégenrer les cours de récréation » émise par le premier magistrat de Grenoble, répond à brûle-pourpoint, en style direct :

— Emmerdé pour emmerdé, pourquoi ne pas essayer ? Que tu y ailles ou pas, les exaltés de Piolle t'allumeront en écriture inclusive, et les stal' de Mélenchon crieront à la trahison. Donc, avance et laisse-les dans leur ghetto.

Jadot rappelle Cazeneuve :

— OK sur le principe. Mais pour Hulot c'est non, sauf si j'y suis aussi, et pas sous lui. Et tu renvoies Pompili à Amiens, et Rugy à ses homards. C'est un gouvernement de combat qu'il nous faut, pas une équipe d'opportunistes…

12 heures

Bernard Cazeneuve compose le numéro du président de la République sur son téléphone portable. Il veut parler de puissance à puissance. Avoir affaire à lui et à lui seul, pas à son secrétaire général.

— Monsieur le président, j'ai consulté. Il se peut que j'accepte, dans les conditions que nous avons précisées. Avant de vous répondre de façon définitive, nous devons réfléchir à la composition du gouvernement.

— Allons déjeuner à la Lanterne. Soyez discret.

15 heures

Emmanuel Macron alerte Alexis Kohler :

— C'est OK pour Cazeneuve. Annonce que j'accepte la démission de Jean Castex, et pour le prochain Premier ministre, fais fuiter l'info au conditionnel via l'AFP et BFM, par qui tu sais. Quand tu seras rappelé par la meute, reste évasif. Ni démenti ni confirmation. Dis-leur que je dialogue avec l'ensemble des forces politiques avant de prendre une décision.

15 h 50, « urgent AFP »

« Le président de la République a accepté la démission de Jean Castex. »

Buzz instantané. Grand boum dans les médias. Surprises, questions, suppositions, hypothèses, débats, correspondants en direct au portail de l'Élysée, flambée sur les réseaux sociaux. L'hypothèse d'une nomination de Bernard Cazeneuve à Matignon commence à courir, avancée « de bonne source » par l'AFP et BFM dans son édition spéciale. Les commentateurs sont surpris. Sur RTL, Alain Duhamel, attentif, note que l'ancien Premier ministre de François Hollande figurait parmi les cosignataires de la tribune de soutien à Emmanuel Macron, entre les deux tours de la présidentielle. Christophe Barbier s'étonne : « Le choix de Cazeneuve enverrait un signal à la gauche alors que la France a voté à droite. »

D'ordinaire, dès les premières minutes d'une édition spéciale, les assistantes et assistants des émissions n'ont aucun mal à inviter des personnalités, mais cette fois les téléphones ne répondent pas, sont occupés ou bien les interlocuteurs potentiels expliquent qu'ils sont en réunion. Dans les coulisses, on s'arrache les cheveux :

— Ils refusent tous ! Jadot ne veut pas faire de commentaire, Olivier Faure prétend qu'il n'a aucune information et Christian Jacob vient de me remballer en disant qu'il « ne commente pas les rumeurs ».

Les seuls à occuper l'antenne sont finalement les opposants potentiels, qu'ils viennent de l'extrême droite, de la droite dure, de la gauche radicale ou des « écolos-pastèque », verts dehors et rouges dedans. Le ton est à l'indignation. Jordan Bardella pour le RN, Alexis Corbière pour la FI, Éric Ciotti pour LR, et même Julien Bayou, le secrétaire national d'Europe

Écologie, déclarent dans un même élan que la nomination de Bernard Cazeneuve à Matignon, si elle se concrétise, serait un signal délétère.

« Le fracassé de 2022 appelle au secours l'escagassé de 2017 », se moque Jean-Luc Mélenchon. Ce discours négatif est si massivement relayé sur Facebook ou Twitter que l'Élysée s'inquiète et décide de mettre fin à la rumeur en publiant l'information.

18 h 10, « urgent AFP »

« Le président de la République Emmanuel Macron a nommé Bernard Cazeneuve Premier ministre. La composition du gouvernement sera annoncée demain vendredi 29 avril. »

19 h 10, « urgent AFP »

« Le nouveau Premier ministre, Bernard Cazeneuve, est l'invité du journal de 20 heures sur France 2. »

20 heures, journal de France 2

Anne-Sophie Lapix a l'air las. Sans doute l'accélération, à une heure du journal, qui l'a contrainte à bousculer de *A* à *Z* le sommaire envisagé. Une certaine usure aussi, apparue au bout de quelques mois d'éditions spéciales sur la Covid, l'impression de rabâcher la même salade. Elle semblait plus joyeuse à l'époque de « C à vous ». Cazeneuve est tendu. Il se demande s'il n'a pas commis une folie politique en acceptant ce défi brinquebalant.

— Bonsoir, Bernard Cazeneuve. Vous étiez un opposant au président de la République et vous en devenez le Premier ministre. C'est surprenant, non ?

— Je me suis moi-même étonné de la proposition d'Emmanuel Macron, et puis j'ai réfléchi. J'ai accepté pour une raison très simple, approuvée par le président. Je me mets au service de la France, et pas d'un homme, dans un contexte exceptionnel qui nous contraint à dépasser nos différences.

— Mais dans les faits, vous vous ralliez à l'homme qui a laminé votre parti en 2017…

— Je ne me rallie à personne, ce n'est pas mon genre. Je suis socialiste et je le reste, et c'est en tant que militant socialiste que je travaillerai avec ce président. Il n'est pas de mon bord politique, chacun le sait bien, mais nous avons un devoir commun : il faut épargner à notre pays la catastrophe que représenterait l'arrivée d'une majorité d'extrême droite à l'Assemblée nationale.

— D'autres partis d'opposition seront-ils représentés ?

— Ce gouvernement sera d'union nationale ou ne sera pas. J'en prends l'engagement ce soir.

— Qui soutiendrez-vous pendant la campagne des élections législatives ?

— Je soutiendrai naturellement les candidats de mon parti.

— Contre les candidats du parti du président ?

— Contre les candidats d'une alliance de la droite et de l'extrême droite.

— Les partis représentés dans votre gouvernement enverront-ils des candidats communs ?

— En aucun cas.

— Votre gouvernement sera donc composé d'adversaires ?

— L'intérêt national commande de nous unir, sans nous renier… Dans le passé, des circonstances graves ont déjà imposé aux responsables politiques de dépasser leurs différences, sans les effacer. C'est aussi le cas ce soir.

— À vous entendre, nous sommes entrés dans une forme de cohabitation ?

— Je vous laisse le choix du mot, mais je ne peux pas vous démentir…

Vendredi 29 avril, 8 h 45

Revue de presse de France Inter. De droite à gauche, les journaux ont la dent dure. Ils s'en donnent à cœur joie. Dans *La Provence*, Franz-Olivier Giesbert pastiche Françoise Giroud en s'exclamant : « On ne tire pas sur un corbillard déguisé en ambulance. » Sous le titre « Panique à Jurassic Park », Ivan Rioufol, la voix la plus droitière du *Figaro*, s'en prend au président Macron « submergé par la vraie France », et qui tenterait d'échapper à son sort « en ressuscitant non plus des éléphants mais carrément des dinosaures ». Dans un commentaire qui transpire la colère, *Libération* n'est pas plus tendre : « Ayant échoué à inventer un nouveau monde, voilà qu'Emmanuel Macron fait appel à l'ancien pour se réinventer. Cazeneuve à Matignon, c'est le triomphe de la politique du merlan frit, le poisson qui se mord la queue. » *Le Monde* est plus sobre, mais pas plus convaincu : « Emmanuel Macron prend un risque important. Pour contrer Marine Le Pen, il fédère des forces usées qui l'ont nourri par leurs échecs. »

Côté politique, les réactions sont encore plus sévères. Les alliés du président se terrent, ceux de Cazeneuve aussi, tandis que leurs adversaires les accablent. Mélenchon balaie d'un revers de main ce qu'il appelle « un non-événement » et écrit sur son blog : « Depuis le temps que le PS et Macron sont les serviteurs des banques et de la finance, ils ne font même plus semblant. Ils sont alliés et ils le disent. Ils n'ont pas constitué un gouvernement, ils ont lâché un aveu. La seule manière d'échapper aux ravages de ce duo c'est de voter pour La France insoumise. » Quant à Marine Le Pen, elle cède à son penchant. Elle s'esclaffe et lâche un calembour sur le nom du Premier ministre : « Ils nous proposent un gouvernement Cazevieille, ça, c'est de la nouveauté ! »

12 heures, perron de l'Élysée

Le secrétaire général, Alexis Kohler, s'avance vers les micros pour révéler la composition du gouvernement qui réglera les affaires de la France jusqu'au lendemain des législatives. Tout au long de la matinée, les rumeurs plus ou moins bien informées ont concurrencé les infos « de bonne source ». Il annonce la liste des ministres :

— Sur proposition du Premier ministre, le président de la République a nommé :

— ministre d'État, ministre de l'Europe et des Affaires étrangères, M. Yannick Jadot ;

— ministre d'État, ministre de l'Intérieur : M. Xavier Bertrand ;

— ministre d'État, garde des Sceaux, ministre de la Justice : M. Jean-Yves Le Drian ;

— ministre de la Transition écologique : M. Nicolas Hulot ;

— ministre de la Sécurité : M. Gérald Darmanin ;

— ministre de l'Éducation nationale, de la Jeunesse et des Sports : M. Jean-Michel Blanquer ;

— ministre de l'Économie, des Finances et de la Relance : M. Bruno Le Maire ;

— ministre des Armées : Mme Florence Parly ;

— ministre du Travail, de l'Emploi et de l'Insertion : Mme Élisabeth Borne ;

— ministre des Outre-Mer : M. Sébastien Lecornu ;

— ministre de la Cohésion des territoires et des Relations avec les collectivités locales : Mme Jacqueline Gourault ;

— ministre de la Culture : Mme Roselyne Bachelot ;

— ministre des Solidarités et de la Santé : M. Olivier Véran ;

— ministre de la Mer : Mme Annick Girardin ;

— ministre de l'Enseignement supérieur, de la Recherche et de l'Innovation : Mme Frédérique Vidal ;

— ministre de l'Agriculture et de l'Alimentation : M. Julien Denormandie ;

— ministre de la Transformation et de la Fonction publiques : Mme Amélie de Montchalin…

La liste des secrétaires d'État ne présente que des changements marginaux par rapport au gouvernement Castex. Le premier Conseil des ministres se réunira exceptionnellement ce vendredi, dans la foulée, à 14 heures.

Analyse instantanée dans les médias et les réseaux sociaux : « Cette équipe est à la fois défensive et téméraire. » Défensive avec la reconduction de presque tous les titulaires. Mais téméraire, et même événementielle, avec l'arrivée, sous l'autorité de l'opposant Bernard Cazeneuve, de deux des grands rivaux d'Emmanuel Macron à l'élection présidentielle, au titre de ministres d'État : Yannick Jadot à l'Europe et aux Affaires étrangères, et Xavier Bertrand, qui, après avoir refusé le rôle-titre à Matignon, a finalement consenti au ministère de l'Intérieur, au nom de l'union nationale et en dépit des remous chez les Républicains.

Seuls disparus ou rétrogradés : Barbara Pompili, comme l'avait exigé Yannick Jadot, et Éric Dupont-Moretti qui ne demandait qu'à s'en aller, ténor fatigué de ne plus pouvoir pousser le *contre-ut* devant le jury des cours d'assises. Gérald Darmanin a accepté de se faire chapeauter par Jean-Yves Le Drian, en raison des circonstances, et sur la promesse de retrouver son poste après les législatives ; à condition, naturellement, qu'elles soient gagnées, et donc au minimum qu'elles se déroulent dans la tranquillité.

On épilogue depuis une heure, dans les studios des radios et des télés, quand tombe ce qui sera la sensation la plus photogénique du jour. C'est l'AFP, prévenue par l'Élysée, qui l'annonce à 13 heures : « Après la tenue du Conseil des ministres, le président de la République, le Premier ministre et l'ensemble du gouvernement accueilleront : Jean Castex, Édith Cresson, Jean-Marc Ayrault, Édouard Philippe, Jean-Pierre Raffarin, Manuel Valls et Dominique de Villepin, pour un échange de vues sur la situation politique en France. Ces anciens chefs de gouvernement seront réunis pour la première fois, en l'absence des seuls Alain Juppé et Laurent Fabius, astreints par leurs fonctions au devoir de réserve. »

À 16 heures, après cet entretien formel, qui dans les faits s'est résumé à un café partagé à huis clos, les photographes massés à l'Élysée vont immortaliser un événement inédit. D'un côté, la photo classique d'un gouvernement fraîchement nommé, avec son président, son Premier ministre et ses heureux élus, et de l'autre, « en même temps », autour de Bernard Cazeneuve, le rassemblement des chefs de gouvernement ayant officié sous l'autorité de François Mitterrand, Jacques Chirac, Nicolas Sarkozy, François Hollande et Emmanuel Macron.

Médiatiquement, le coup est frappant. Il fait parler. On ne saurait mieux résumer l'existence d'un front républicain opposé à l'extrême droite et à ses alliés potentiels. La photo de cette brochette d'anciens Premiers ministres, issus de la droite, de la gauche, ainsi que de la Macronie, soudés autour du dernier promu, est le symbole d'un « en même temps » concrétisé.

C'est aussi sa faiblesse, et la presse le souligne aussitôt. Cette « équipe d'éclopés » fait douter ou ricaner. Les sceptiques font la moue face au retour des anciennes sommités, le plus souvent battues ; les plus sévères y voient un leurre ou un aveu : « Ce n'est pas un gouvernement, c'est une affiche publicitaire », se moque le magazine *Le Point*. « Ce n'est pas un message d'espoir, c'est un signe de panique », surenchérit Atlantico. « Un soviet de dirigeants. Il ne manque que Brejnev ! », rigole *Valeurs actuelles*.

Nul n'imagine que les premiers sondages contrediront ce scepticisme. Les réseaux sociaux ont beau détourner à qui mieux mieux la fameuse photo, en déguisant ses personnages en hommes et femmes préhistoriques, ou en les inscrivant dans les scènes célèbres de la folle histoire des *Visiteurs*, à l'amusement des Français qui les échangent sur WhatsApp, des millions d'anonymes, souvent les mêmes, sans l'avouer, trouvent une certaine allure à ces anciens rivaux qui ne s'arrachent plus le pouvoir mais le partagent en se serrant la main.

ASCENSION SANGLANTE

Les Français aiment la cohabitation. Cette image des ennemis irréductibles qui se font des grâces au nom d'institutions qui les transcendent les renvoie à eux-mêmes et à leurs contradictions intimes. Ils sont à la fois coupeurs de têtes et légitimistes. Ils éprouvent l'envie d'en découdre et le désir de s'incliner devant une majesté. En Ve République, cette majesté n'est plus seulement une personne, mais d'abord le protocole qui s'impose à tous, au président comme à ses opposants. Ils apprécient donc ces bonnes manières médiatiques sur le perron de l'Élysée, ces sourires certes hypocrites mais républicains quand même. Mitterrand et Chirac, Mitterrand et Balladur, Chirac et Jospin, et maintenant cette cohabitation multiple, non seulement le président avec son Premier ministre, mais le Premier ministre avec ses ministres, et les nouveaux ministres avec ceux qui sont déjà en place. Ils se sont tous combattus, mais ils rament dans la même galère, l'image est à la fois ridicule et transcendante.

Dimanche 8 mai

Le Journal du dimanche enregistre un sondage qui refroidit les ardeurs de La France insoumise, des écologistes qui lui sont proches, du Rassemblement national et de l'aile droite des Républicains. Il rassure aussi tous ceux qui avaient soutenu l'arrivée de Bernard Cazeneuve et des anciens chefs de gouvernement. Le gouvernement a surpris les Français, comme le voulait Emmanuel Macron, mais il est apprécié.

Mardi 17 mai

Une nouvelle rafale de sondages concordants confirme que le vieux front républicain a repris des couleurs. Les Français n'oublient pas leurs différences, mais ils sont nombreux à s'unir pour contrer les candidats de Marine Le Pen. La projection en sièges à l'Assemblée nationale reste incertaine ; toutefois le Rassemblement national, en passe de remporter plus d'une centaine de circonscriptions, ne paraît pas en mesure d'atteindre une majorité. La République en marche oscille entre 15 et 20 % des voix, la droite LR est étalonnée à plus de 20 %, les écologistes associés au PS et au Parti communiste approchent de ce score, La France insoumise atteint un pourcentage à deux chiffres, de 10 à 12 %, ce qui, sauf alliance, lui promet un second tour douloureux.

Du 15 au 25 mai

La campagne électorale a presque disparu des journaux nationaux et se contente des éditions départementales de la presse régionale. Elle s'est éparpillée en cinq cent soixante-dix-sept élections locales, qui parlent de l'église du village plutôt que des tours de Notre-Dame. Les candidats à la députation font campagne sur les marchés, au milieu des salades et des étals d'olives, dans l'odeur du poulet rôti. Ils sont promis au rôle que leur impose l'inversion du calendrier depuis 2002 : croupion de la présidentielle. L'idée que l'extrême droite puisse bousculer le jeu ne paraît pas réaliste, même si des questions demeurent. La future majorité sera-t-elle à dominante écologiste ou à suprématie LR ? À l'Élysée, Jupiter devra-t-il partager sa foudre, marchander son pouvoir, comme il le fait avec Cazeneuve ? Autant d'incertitudes, mais personne ne croit vraiment que Marine Le Pen puisse aller à Matignon.

Deux questions hantent pourtant les débats : le déficit vertigineux faisant suite à la crise sanitaire, qu'il faudra bien réduire, mais surtout le « séparatisme », c'est-à-dire la laïcité, la lutte contre les réseaux islamistes, le rapport mouvementé de la République et de l'islam, devenu la deuxième religion du pays.

Un tourment planté comme un organe greffé dans un corps travaillé par des crises de rejet mutuel. Le pays n'en finit pas d'être un *Charlie* hanté par les frères Kouachi, fantômes affreux pour la plupart, vengeurs masqués pour quelques autres. Un voile se pose sur les principes fondateurs de la République qui ne savent plus où ils habitent : laïcité, liberté, égalité, fraternité, ces idéaux se retournent comme des gants.

À gauche, l'antiracisme en arrive à trier les humains par couleurs et catégories animalières (« vieux mâles blancs ») ou à se demander si « un photographe blanc peut photographier des Noirs » (*Le Monde*, 25 septembre 2020). Cette gauche identitaire, « islamo-gauchiste » selon ses adversaires, est devenue « décoloniale », « intersectionnelle », inspirée par des courants racialistes importés des États-Unis, et elle est parfois rejointe par des groupes d'écologistes. Ensemble, ils ne cessent de dénoncer le « racisme d'État » et « les violences policières ».

Dans le camp d'en face, on brandit la laïcité comme un bouclier sacré. Plus on est réactionnaire, plus on est héritier d'une droite qui combattit férocement la loi de 1905, et plus on s'en réclame, en accusant l'islam de sexisme, de prosélytisme, d'incompatibilité avec la République. Le brouillage idéologique est intégral, et pour le parfaire encore, cette droite surexcitée est parfois rejointe, sur l'islam et l'islamisme, par des voix venues de la gauche et du centre, regroupées dans le Printemps républicain.

Dans ce contexte, chaque attentat, même dérisoire, devient un jet d'acide sur un épiderme à vif, et le Rassemblement national, pourtant fragile et fatigué, en profite pour attirer son lot de naufragés ou d'enragés. Depuis la haute époque du fondateur Jean-Marie, père de Marine et grand-père de Marion, le Front national s'est nourri des injustices, des malheurs, des épidémies, des faits-divers, des peurs, et même des inondations. En digne successeur, le Rassemblement de la fille, tout dédiabolisé qu'il soit, carbure à l'insécurité et cultive son thème fétiche : l'étranger qui nous menace et nous dévore.

Ainsi les faits et gestes familiers deviennent-ils des objets de polémiques ou de récupération. Aller à la piscine, faire de la gym, mettre une jupe ou un foulard, manger hallal, manger casher, manger végan, aller chez un médecin homme ou chez une médecin femme. La France *gauloise* qui se sent agressée accuse l'islamisme, et la France musulmane qui se sent discriminée dénonce l'islamophobie.

Jeudi 26 mai, fête de l'Ascension

Dans ce bouillon de onze heures, une série d'événements graves s'apprête à bousculer l'Histoire. Nous sommes quarante-trois jours après la réélection d'Emmanuel Macron, et à dix-sept jours du premier tour des élections législatives. L'extrême droite a atteint des niveaux inédits, qui ont abasourdi la France et alerté le monde entier. On pensait que le naufrage final de Donald Trump avait démodé les populismes, que les élections régionales de 2021 marquaient un déclin du lepénisme, on se réveille avec une France bousculée par ses admirateurs. Mais une fois la première émotion passée, les commentaires lâchés, les perspectives envisagées, le gouvernement présenté, on s'est habitué. On s'habitue à tout, c'est aussi cela la politique. Dramatiser pour capter l'attention, puis dédramatiser pour se couler dans le coton des habitudes. Après tout, la démocratie classique a sauvé les meubles en mai, on peut donc se rendormir en juin, même sur des lauriers fanés. Les sondages sont rassurants. Macron a gagné, de justesse et par défaut, mais c'est lui le président. On ne sait pas où l'on va mais on y va, le train-train quotidien a repris ses habitudes, son tchou-tchou nous rassure, l'aiguillage de l'extrême droite a été évité, le printemps pointe son nez…

À l'approche de l'Ascension, les vieux débats reprennent aussi, comme si de rien n'était, comme si la famille Le Pen n'était pas aux aguets. On s'engueule sur le calendrier républicain. Doit-il être cadencé par les fêtes catholiques, ou modifié, dans un désir d'égalité, en ajoutant l'Aïd ou Kippour à la somme des jours fériés… ? Dispute qui fait écho à la polémique de chaque hiver, quand la crèche de Noël, son bœuf, son âne, ses rois mages et son ravi sont l'objet d'affrontements sur les rapports entre l'État laïc et le catholicisme.

Mais il fait beau en ce jeudi et l'atmosphère n'est pas à la bagarre. En dépit des appels à la prudence lancés par les adorateurs du coronavirus, qui répètent que les variants nous attendent au tournant, et qu'il faut s'enfermer chez soi, la France vaccinée réapprend à sortir, à aller au cinéma, à visiter les monuments, à se toucher, à s'embrasser, à vivre. On achète moins d'objets qu'avant, on profite du fond de l'air, on visite les monuments et les musées, les terrasses des cafés sont prises d'assaut par des consommateurs heureux de boire leur bière au soleil, les yeux fermés…

Il est 11 heures. Les touristes sont de retour depuis le début de l'année. Les cars de Japonais ont refait leur apparition. Au pied de la tour Eiffel, les gens font des selfies ou se filment dans la file d'attente, au pied de l'ascenseur. Quelques Américains, des Anglais, des Australiens, des Chinois mais également des provinciaux qui oublient les confinements en visitant la capitale. Au milieu, un homme au teint mat et aux cheveux frisés, avec un sac à dos. C'est un Français. Ceux qui sont autour de lui l'entendent parler à un enfant de dix ou onze ans, qui le tient par la main. Ils échangent à voix haute. On dirait qu'ils se disputent. Le jeune garçon dit à son père qu'il a besoin de faire pipi, mais le père le gronde en l'invitant à patienter, car il perdrait son tour s'ils quittent la file d'attente. L'enfant répond qu'il n'en peut plus, insiste, il crie et il rit en même temps, comme si c'était un jeu entre eux.

Le ton monte, le père est embarrassé, il prend à témoin les personnes autour de lui. Un Anglais lui propose alors de lui garder sa place. Le père le remercie, et demande s'il peut lui laisser son sac. L'autre accepte, ou plutôt n'ose pas dire non. Le père et le fils s'éloignent, et se dirigent vers les toilettes. Comme ils ne reviennent pas, l'Anglais serviable et sa femme commencent à s'inquiéter. Ils regardent plusieurs fois vers les toilettes, puis vers le sac, puis vers les toilettes, et ainsi de suite, et l'homme finit par courir vers le guichet. Un employé le conduit à l'écart. L'Anglais explique qu'un inconnu a disparu en lui laissant ce sac à dos, qu'il lui remet. L'employé le pend à son épaule et appelle un responsable de la sécurité, qui décroche son téléphone, mais n'a pas le temps de finir sa phrase.

Une forte explosion stupéfie la petite foule qui attend dans la file. Aux abords du guichet, l'image est insoutenable. Les touristes se mettent à crier, ils paniquent et s'éparpillent sur le Champ-de-Mars. Là-bas, à dix mètres d'eux, derrière le guichet, l'employé gît sur le sol et hurle, un bras arraché. L'Anglais est allongé sur le dos, ensanglanté, ses jambes, ses bras, son ventre sont saisis de convulsions.

Les secours arrivent très vite. Les deux victimes sont conduites à l'hôpital. La femme de l'Anglais monte dans l'ambulance, hébétée. Des photographes sont déjà là et ils mitraillent la scène. Les policiers aussi. Les uns et les autres interrogent les témoins en demandant s'ils n'auraient pas filmé ce qui s'est passé. Les images de la vidéosurveillance parviennent on ne sait comment à BFM et sont diffusées dans la demi-heure, aussitôt reprises par les réseaux sociaux. Elles pétrifient une France qui recommençait à revivre et qui replonge dans un cauchemar.

Ainsi vont les guerres asymétriques. Le plus fort est un char d'assaut mais le plus faible est un virus. En nourrissant le système médiatique de son ennemi, le terroriste se fabrique une arme à fragmentation. Une fois commis, son crime est reproduit en millions d'exemplaires, dans les journaux, dans les radios, sur les écrans ; il ne frappe plus par-ci par-là, il est partout, dans un mitraillage d'images.

L'employé a perdu trop de sang, il meurt avant d'arriver à l'hôpital. Le pronostic vital de l'Anglais est engagé. Les touristes qui voulaient monter sur la tour Eiffel lui doivent peut-être la vie et ils le racontent à la télévision. L'explosif était artisanal, sans doute pas très puissant, mais si le pauvre homme ne l'avait pas transporté à l'écart de la file, le bilan aurait sans doute été plus lourd.

Dans une poche du sac à dos déchiqueté, les enquêteurs ont trouvé un message de revendication : « Allah m'a ordonné de punir ses ennemis. Malheur à toi et à ton peuple, Macron. C'est pas fini. » Ni Al-Qaïda ni Daesh ne revendiquent cet acte.

Le destin vient de basculer. À trois semaines d'une élection décisive, la France a été attaquée par un groupe islamiste qu'elle n'a pas su identifier. « Les services secrets français ridiculisés », titre Mediapart une heure après l'événement, vivement pris à partie par le porte-parole du gouvernement, Gabriel Attal, qui accuse Edwy Plenel de « lancer une misérable polémique, plutôt que de condamner un ignoble attentat, alors même qu'une victime vient de mourir et qu'une autre lutte pour sa survie ».

Le président de la République s'est rendu sur place, accompagné par le Premier ministre Bernard Cazeneuve, le ministre de l'Intérieur Jean-Yves Le Drian, et le ministre de la Sécurité Gérald Darmanin. Il s'approche du lieu de l'explosion, raide, révulsé, conscient du désastre politique. Toute sa physionomie dégage une colère outragée, les poings serrés, la bouche crispée, la mâchoire légèrement prognathe. Il dit sa détermination à punir les auteurs, mais le mal est fait. Autant l'aréopage brinquebalant de son gouvernement d'union avait fait bon effet, autant l'image de ce chef de l'État qui court derrière les terroristes réveille une rage primale. Des insultes s'élèvent, d'abord isolées, puis reprises, puis cadencées par la petite foule encore présente, dans un chœur impitoyable saisi par les télévisions du monde : « Ça suffit ! Jusqu'à quand ? Incapable ! Démission ! »

La succession de communiqués de solidarité signés par les différents ministres ne fait que renforcer le malaise, en pleine campagne électorale. L'affaire est une bénédiction pour le Rassemblement national, qui s'en empare en dénonçant le gouvernement, « ce radeau sans gouvernail, cette épave à la dérive ». Tout ce que le parti d'extrême droite compte d'orateurs de premier rang se relaie sur les plateaux pour marteler un message et un seul : « Nous avions hélas raison. La France est submergée. La patrie est en danger. » Marine Le Pen s'est contentée de conclure par une intervention soigneusement balancée : « L'heure est trop grave pour céder à la polémique. Quand le moment sera venu, si les Français nous font confiance, nous agirons sans faiblesse. »

À gauche, on accuse le coup. Les écologistes associés aux socialistes condamnent fermement l'attentat mais appellent, comme après *Charlie*, à refuser les amalgames. Côté France insoumise, on invite le public à ne pas se lancer dans des accusations infondées : « Nous condamnons cet acte ignoble, qui n'a pas été revendiqué. Souvenons-nous que les musulmans sont les premières victimes du terrorisme planétaire. »

À droite, l'attentat va engager la rupture entre l'aile modérée de LR et la tendance extrême-droitière. Éric Ciotti fait parvenir à l'AFP un communiqué qui dépasse en dureté la réaction des amis de Mme Le Pen : « La lâcheté qui règne au sommet de l'État vient encore de frapper. Aujourd'hui, jour de la fête de l'Ascension, le refus de faire la guerre à un islam qui combat notre civilisation a tué des innocents. Assez de faiblesse et de complicité. J'invite mon parti, Les Républicains, à en tirer les conséquences, et à rompre avec le consensus capitulard qui prétend nous gouverner. »

À la suite de Ciotti, d'autres ténors de LR, Julien Aubert, Bruno Retailleau, Laurent Wauquiez, Guillaume Larrivé s'engouffrent dans la brèche. Ils se sentent d'autant plus libres que nous sommes à dix-sept jours du premier tour des législatives, que les candidatures sont déposées et que personne n'a le pouvoir de les arrêter. La menace d'un retrait des investitures, brandie par Gérard Larcher, n'a plus aucune portée.

Ainsi, deux droites achèvent de se déchirer sous une bannière encore commune. L'une classique, héritière de Chirac ou Juppé, qui établit un cordon de sécurité entre elle-même et l'extrême droite. Et l'autre qui se terre depuis longtemps, se réveille à chaque scrutin depuis les régionales de 1986, puis fait semblant d'obtempérer. Mais c'est fini. Cette fois, elle relève la tête. Elle se dit que les temps ont changé, que la France n'a plus honte, qu'elle est mûre pour briser les tabous. L'heure a sonné d'une grande alliance de la vraie droite. Ils ne le clament pas encore tout haut, ni Ciotti ni les autres, mais ils sont prêts.

12 h 30

Gérald Darmanin, en direct sur BFM, annonce que les forces de police et du renseignement sont à l'ouvrage et recueillent des indices. Le mode opératoire de l'attentat de la tour Eiffel ne ressemble à aucune attaque organisée par les mouvances classiques de l'islamisme : pas de couteau, pas de voiture-bélier, pas d'explosif puissant, pas de kamikazes, mais plutôt l'action d'individus isolés soucieux de préserver leur vie. Il promet que la police retrouvera les auteurs sans tarder, et que la justice les châtiera, lorsqu'un bandeau apparaît à l'écran : « Un cocktail Molotov vient d'être lancé par deux motards sur le parvis de l'église Saint-Augustin. Plusieurs blessés. »

L'effet est désastreux. Le ministre de la Sécurité est défié au moment même où il promet de répliquer. Il bafouille, s'engage à frapper d'autant plus fort, salue les téléspectateurs, et se rend sur les lieux de la nouvelle attaque, suivi par une meute de micros et de caméras. Les secours sont déjà arrivés. Les blessés, plutôt légers, ont été soignés. Les témoins racontent ce qu'ils ont vu. Une heure après l'explosion de la tour Eiffel, et même si les conséquences de ce second attentat ne paraissent pas tragiques, le contrecoup est ravageur : le parvis d'une église, le jour de l'Ascension, tout près de l'Élysée et du ministère de l'Intérieur. Le ministre est contraint de répéter son discours du Trocadéro. Une promesse de répression qui prend un tour surréaliste. Un naufrage de communication. Plus le ministre hausse le ton, plus il est inaudible.

Le pire n'a pourtant pas encore eu lieu. Dix minutes plus tard, une autre dépêche s'inscrit en bas des écrans, et des millions de téléphones portables vibrent au son d'une même alerte : « Troisième explosion à Paris. Un cocktail Molotov a été lancé devant l'église de La Trinité. » Échec et mat. Deux motards, sans doute les mêmes qu'à Saint-Augustin, ont lancé leur bouteille enflammée. Quelques personnes ont été légèrement brûlées. « Attentat de faible intensité, sans doute commis par des amateurs », se défend Darmanin, mais le symbole est accablant.

Coulé.

LÉGISLATIVES À L'ITALIENNE

À partir de l'attentat de l'Ascension, la campagne électorale change de nature. Une libération de la tripe. Un #MeToo de la haine publique. Le Rassemblement national se déchaîne, toutes tendances confondues, contre « les envahisseurs tapis dans nos campagnes qui viennent jusque dans nos bras égorger nos fils et nos compagnes ».

La droite classique n'est pas en reste. Elle engage une course au superlatif. Le gagnant sera celui qui dénonce le plus fort le péril islamique. En face, La France insoumise et les « khmers verts » ne se laissent pas impressionner, et soutiennent le contraire avec la même passion. À la droite dure la figure de l'Arabe envahisseur, à la gauche radicale l'allégorie du musulman persécuté. Pour la première, le président complice a laissé se développer un État dans l'État. Pour la seconde, le même homme et « la petite bande des has-been qui se sont déshonorés en se ralliant à lui » cultivent un apartheid rampant, sous couvert de lutte contre le terrorisme.

Pilonné sur sa droite et sa gauche, le gouvernement d'union nationale réplique tous azimuts. Il dénonce « le racisme ordinaire » de la droite et de l'extrême droite, et « l'irresponsabilité » de Jean-Luc Mélenchon. Des invectives qui contredisent la volonté officielle « de dépasser les clivages dans l'intérêt de la nation ». Malgré les appels au calme de Bernard Cazeneuve, qui n'y croit plus lui-même, les ténors de la majorité sortante, Gérald Darmanin, Jean-Michel Blanquer, Marlène Schiappa reprennent la sémantique de leurs adversaires en promettant, comme eux, « une République enfin capable de terrasser les ennemis de notre mode de vie ».

Avant même de savoir si les événements du 26 mai pèseront sur le résultat des élections, le ou les auteurs des attentats ont gagné la bataille des idées. La France émerge à peine de la crise sociale énorme provoquée par le coronavirus, elle affronte l'immense question de la relance et du paiement de la dette, mais on ne parle plus que de religion, de territoires perdus de la République, d'étrangers, d'islam, de hallal, de mosquées, de prières de rue, de burkinis, de réfugiés, du laxisme des juges, d'impuissance de la justice, de brutalité policière… Si la fameuse « hégémonie culturelle » d'Antonio Gramsci a un sens, elle promet une victoire imminente de l'extrême droite. Ses thématiques occupent tout l'espace médiatique et politique, alimentées par un maelstrom de peurs et de démagogies croisées.

L'enquête n'avance pas, mais les journaux en révèlent des bribes. Aucune piste ne confirme l'hypothèse d'une action commanditée de l'extérieur. Des traces d'ADN auraient été retrouvées sur le sac à dos contenant l'explosif, et quelques chiffres auraient donné des indications sur la plaque arrière de la moto des lanceurs de cocktails Molotov. Ils conduiraient dans la région de Lyon.

Mercredi 8 juin

À l'issue du Conseil des ministres, Gérald Darmanin prend le président de la République à part et lui demande un entretien. Emmanuel Macron le reçoit dans son bureau, en présence du fidèle Alexis Kohler. L'atmosphère est irrespirable. Darmanin ne s'assied pas. Il tend une feuille au président.

— Je viens de recevoir ceci de mes services. C'est peut-être un tournant.

Emmanuel Macron lit le document, fronce les sourcils, puis le transmet à Alexis Kohler, qui le parcourt. Celui-ci a une moue de scepticisme, regarde le président, qui doute aussi, et tranche :

— Trop beau pour être vrai... Un type de l'extrême droite pour l'attentat de la tour Eiffel ?

Il se tourne vers le ministre de la Sécurité.

— Cet ADN sur le sac, c'est sûr ou c'est peut-être ?

Darmanin ne sait pas trop. Il lève les bras au ciel, vers le lustre monumental qui impressionne tant les visiteurs.

— Disons 50-50. L'ADN est bien celui du bonhomme, mais rien ne prouve qu'il ait fait le coup. Il dit qu'il a jeté le sac dans une décharge, l'année dernière. Et puis sa tête n'a rien à voir avec le portrait-robot du terroriste ou de son jeune fils. Eux, ce sont deux Arabes frisés, lui c'est un Mâconnais chauve.

— On ne peut donc pas utiliser ces éléments, décide Emmanuel Macron. On ne joue pas à pile ou face une élection mal engagée. Si on accuse l'extrême droite à la légère et que l'affaire se retourne, on est morts, et moi-même je ne pèserai plus rien en cas de cohabitation. Dis à tes hommes de mieux chercher. Ce n'est pas d'une déduction dont nous avons besoin, mais d'une preuve.

— Dommage, regrette Gérald Darmanin.

— Dommage d'être incomplet, monsieur le ministre. Et surtout, veille à garder ces éléments pour nous. Je ne veux aucune fuite. Tu m'entends ? Aucune fuite…

Darmanin se retire en serrant les poings.

Les sondages ont basculé en quelques jours. Ils laissent entrevoir, pour la première fois, un effet de cisailles provoqué par le scrutin majoritaire, en faveur de l'extrême droite. Longtemps, la droite a cru que la barrière des 50 % au second tour empêcherait à tout jamais la gauche de devenir majoritaire, puis le raz de marée de 1981 l'a désarçonnée. Encore plus longtemps, la droite classique et la gauche parlementaire ont pensé la même chose à propos du Front national. Le scrutin majoritaire serait pour l'extrême droite un plafond infranchissable Au point qu'Emmanuel Macron a renoncé, par prudence, à introduire la moindre dose de proportionnelle. Or, dans le Nord, la ceinture parisienne, le Grand Est, la façade méditerranéenne, mais aussi sur les deux tiers du territoire, le score des candidats du Rassemblement national semble dopé par celui de Marine Le Pen, et par la peur des attentats.

Les politologues commencent à s'interroger. Et si, en 2022, le scrutin majoritaire ne boostait plus le parti du vainqueur de la présidentielle, mais celui du battu ? La question revient sur toutes les lèvres, elle nourrit les éditos et les sondages. Certains des chroniqueurs en vue se souviennent de ce qui s'était passé en Israël, en 1996, en pleine campagne électorale : des attentats à Jérusalem, puis Ashkelon, puis Tel-Aviv, qui avaient ruiné la campagne du Premier ministre sortant, Shimon Peres, et lancé vers le pouvoir son adversaire de droite, Benyamin Netanyahou.

Et si les attaques de la tour Eiffel et des églises Saint-Augustin et de la Trinité jouaient le même rôle en France, à deux semaines des législatives ?

Dimanche 12 juin

Les Français sont appelés à voter pour élire leurs députés dans un climat délétère. Pour ne rien arranger, l'offre politique est dynamitée par les effets du dégagisme, des attentats et de la poussée consécutive de l'extrême droite. La France est dans un étrange état d'esprit. Elle a peur *et* elle s'en fout. Elle est tentée par le vide, elle a le vertige, mais elle se dit qu'au fond ça n'a pas d'importance. Le peuple a perdu la boussole, il oscille entre l'aigreur et l'aquoibonisme, l'envie d'en découdre et de laisser tomber, de n'écouter personne et de croire les bonimenteurs.

La gauche est divisée en blocs inconciliables qui se revendiquent de l'écologie. D'un côté La France insoumise, démoralisée par l'échec Jean-Luc Mélenchon, alliée à des écologistes identitaires et antilibéraux qui s'expriment en morse inclusif et se placent à l'intersection de toutes les minorités. Sur l'autre bord, la chaloupe socialiste arrimée à la bouée des troupes de Yannick Jadot, à la fois dans l'opposition et dans le gouvernement.

Face à eux, la droite tire à hue et à dia, une partie agrippée au centre, derrière François Bayrou ou Xavier Bertrand, une autre en route vers l'extrême droite. Une extrême droite elle-même écartelée entre Marine Le Pen, officiellement indiscutable, et des courants traditionalistes qui la trouvent « invertébrée ».

Au milieu, le parti du président se demande s'il existe encore. En Marche devrait plutôt s'appeler En Panne. Emmanuel Macron a conservé une base personnelle assez solide pour être réélu, même si ce fut sans gloire, mais son parti, mal implanté, s'avance dans les cinq cent soixante-dix-sept circonscriptions avec la peur au ventre.

Il y a donc des bouts partout, eux-mêmes subdivisés en sous-morceaux. Un puzzle indescriptible, dans lequel les initiés eux-mêmes ont du mal à retrouver leurs petits. La France balance à droite, et même à l'extrême droite, mais ne sait plus à qui s'offrir.

Il fait beau et chaud en ce dimanche de presque été. Les Français sont plus enclins à s'entasser à la plage qu'à passer par l'isoloir. Comme toujours, les télés tout-info amplifient les idées dominantes. Puisque les sondages disent que l'abstention sera supérieure à la participation ; des reporters sont envoyés sur le terrain pour illustrer cette hypothèse. Sur BFM, CNews, Franceinfo, LCI, la matinée est consacrée à la diffusion d'images de bureaux de vote déserts, où les présidents et assesseurs attendent le client en se tournant les pouces.

À 12 heures la participation est de 15,4 %, soit une baisse de près de quatre points par rapport à 2017, où elle était déjà très basse. À 17 heures, confirmation : 34,8 % contre 40,75 % il y a cinq ans. À 19 heures, alors que les éditions spéciales se mettent en place et que les experts commencent à mouliner toute la palette des « peut-être », l'estimation définitive retentit comme une paire de claques. La participation au premier tour plafonne à 38 %. Un désastre démocratique. Avec un tel taux, et à une heure du résultat, pendant que les rumeurs se multiplient sur le hashtag #RadioLondres, on ne sait plus si les Français attendent le verdict des urnes ou s'apprêtent à regarder *La Cinquième Compagnie*, que TMC rediffuse pour la cent septième fois.

À 20 heures, les instituts de sondage annoncent des pourcentages de voix mais s'abstiennent de fournir des projections en sièges. Les scores sont trop serrés. Les Français qui ont voté se sont éparpillés.

Il n'y a aucun élu au premier tour.

En Marche et le Modem plafonnent à 15 %. L'ex-majorité présidentielle ne pourra se maintenir que dans une centaine de circonscriptions. Comme on pouvait s'y attendre, le roi est nu. Il a perdu les godillots avec lesquels il piétinait le Parlement.

Le Rassemblement national et Les Républicains oscillent autour de 25 %, mais les 4 à 5 % de Debout la France permettent à l'extrême droite de sortir en tête. La poussée du parti de Marine Le Pen est sensible sur la façade méditerranéenne, l'est de la France et le Nord. Ses candidats pourraient concourir au second tour dans plus de trois cents circonscriptions, ce qui est un séisme en soi, mais leurs chances de parvenir à la majorité de deux cent quatre-vingt-neuf sièges paraissent à peu près nulles.

Chez Les Républicains, Gérard Larcher et Christian Jacob se frottent plutôt les mains. Par rapport à 2017, LR gagne du terrain. Problème : une bonne part de ses terres d'élection correspond aux bastions de l'extrême droite, ce qui promet des duels compliqués. En tout état de cause, au second tour, la droite classique ne sera pas majoritaire à elle seule à l'Assemblée, mais devrait renforcer sa présence.

Le rassemblement Europe Écologie-PS-PC est donné autour de 20 % (écologistes 11 %, PS 7 %, PC 2 %). Il se confirme que le score des Verts s'appuie sur un électorat urbain. Contrairement à l'imagerie, les écolos ne sont pas le parti de la nature, mais celui du macadam. Quant aux socialistes, ils devraient gagner une bonne vingtaine de députés supplémentaires, mais resteront à des années-lumière de leurs contingents passés. Enfin, menacé de disparition, le Parti communiste devrait compter ses sièges sur les doigts d'une seule main, et encore…

La France insoumise atteint 10 à 11 % et ne pourra se maintenir que dans ses bastions de 2017. Le tête-à-tête de Jean-Luc Mélenchon avec « les gens » et son refus de ce qu'il appelait « la soupe aux sigles », c'est-à-dire l'alliance entre partis politiques, le renvoient à lui-même. Il se croyait unique et il se retrouve seul. Son éloquence a passionné les réseaux sociaux, mais pas les électeurs. Il a déclenché des clics en rafale, mais des votes au compte-gouttes.

Dans les éditions spéciales de la soirée, Christophe Castaner admet que le parti présidentiel perdra de nombreux sièges. Il lance un appel à Bernard Cazeneuve, Yannick Jadot et Xavier Bertrand pour bâtir une majorité d'union nationale après le second tour.

La droite officialise ses déchirements. Christian Jacob reste évasif, mais réaffirme sa volonté de faire barrage à l'extrême droite, tandis qu'Éric Ciotti sur la Une, Julien Aubert sur la Deux, et Laurent Wauquiez sur BFM déclarent dans un même élan que toute alliance avec les vieux partis rejetés par les électeurs serait suicidaire, et que « l'hypothèse d'une large union de la vraie droite ne peut plus être écartée ».

À gauche, Jean-Luc Mélenchon s'exprime le premier. Il met en avant « la dramatique abstention qui entache la légitimité même de cette élection » et lance un avertissement solennel : « Quand le peuple ne s'exprime pas dans les urnes, il le fait dans la rue. Que tous ceux qui se pavanent ce soir en parlant de victoire sachent bien qu'ils seront bientôt balayés. » Au PS, Olivier Faure estime que « l'union a permis de premiers progrès ». À Europe Écologie, Yannick Jadot, visage grave, invite « la gauche et les écologistes à oublier leurs divisions et leurs rancunes ».

Au Rassemblement national, Marine Le Pen adopte un ton présidentiel. Elle parle d'un « moment grave où se joue le destin de la France, face à ses défis et face à ses ennemis ». Elle remercie les électeurs, assure qu'elle mesure la charge qu'ils lui ont confiée et promet : « Nous serons au gouvernement après le second tour, et nous servirons les Français, tous les Français, au-delà de leurs choix politiques comme de leurs origines. » En l'écoutant, Marion Maréchal secoue la tête et confie à quelques amis, dont Nicolas Bay :

— C'est parti. Elle fait des risettes à l'establishment ! Elle se déguise en passe-muraille. Elle mange son chapeau. Elle ne peut pas s'en empêcher. La semaine prochaine, elle priera dans les mosquées, fera des courbettes à Bruxelles…

Lundi 13 juin

En l'absence de vainqueurs évidents, la presse du lundi s'en prend à ceux qui ont perdu. *L'Humanité* oublie les miettes recueillies par le Parti communiste pour consacrer sa manchette au plongeon du parti majoritaire : « Macron minoritaire », proclame le journal fondé par Jean Jaurès. Dans l'éditorial, Patrick Le Hyaric dresse un bilan cruel du quinquennat : « Voilà. Les urnes ont délivré leur message à Macron. D'abord un silence assourdissant. Une abstention tragique. Ensuite le choix de l'extrême droite. Emmanuel Macron se posait en seul rempart et Marine Le Pen n'a jamais été aussi puissante. Enfin les Français ont humilié la majorité sortante, qui se croyait toute-puissante, et qui perdra les trois quarts de ses élus, peut-être davantage. Chapeau l'artiste. »

Libération pointe aussi l'abstention, que le journal analyse comme « un effondrement de la Ve République », puis envisage le second tour : « Nul ne sait qui gouvernera demain, mais un message politique accablant se dégage pour la gauche. L'extrême droite, la droite et La République en marche atteignaient hier soir les deux tiers des suffrages. »

Le Figaro est embarrassé. Dans son éditorial, intitulé « Le pouvoir ou l'impuissance ? », Alexis Brézet anticipe de futurs déchirements : « Quoi de commun entre la droite mesurée de Xavier Bertrand, la droite musclée d'Éric Ciotti et la droite populiste de Marine Le Pen ? Peuvent-elles s'additionner ? Ne sont-elles pas l'eau et le feu ? De la réponse dépendra le gouvernement de la France, son pouvoir ou son impuissance. »

Sur France Culture, Frédéric Says pose, avec huit jours d'avance, la question du scrutin majoritaire, présenté depuis le général de Gaulle comme la garantie de la stabilité politique : « Tout est possible au second tour : l'extrême droite alliée à la droite, la droite associée aux écologistes et au PS, la droite avec En Marche et les écologistes. On se croirait dans les délices de la proportionnelle. Malgré son scrutin majoritaire, la France est désorientée. Elle cherche la *combinazione*. Elle se réveille à l'italienne, et contrairement à la chanson de Frédéric François, ce n'est pas pour dire je t'aime ! »

Mardi 14 juin

À l'heure du dépôt des candidatures, on constate quelques curiosités. Dans le nord de la France et dans certains quartiers de Marseille, des candidats LR en capacité de se maintenir ont retiré leur candidature, évitant une triangulaire au candidat d'extrême droite arrivé en tête, par exemple Stéphane Ravier. Et symétriquement, en Haute-Loire, chez Laurent Wauquiez, ou dans les Alpes-Maritimes, chez Éric Ciotti, les candidats lepénistes arrivés en troisième position se sont retirés. Les états-majors démentent qu'il y ait un quelconque accord, mais à LR Christian Jacob, de fort mauvaise humeur, rabroue les journalistes, tandis que Marine Le Pen, tout sourire, qualifie ces retraits d'« ajustements anecdotiques ». L'anecdote prendra bientôt son sens.

Mercredi 15 juin

Conseil crépusculaire. Les ministres sont assis à leur place protocolaire, dans le Salon des ambassadeurs. Le président et le chef du gouvernement entrent et vont s'asseoir face à face, chacun à une extrémité de la grande table ovale. Emmanuel Macron ouvre la séance, en remerciant chacun pour le travail accompli, avec des phrases qui voudraient alléger l'accablement ambiant, mais que chaque mot alourdit au contraire. Il est question d'injustice immédiate, de reconnaissance future :

— Vous avez travaillé à l'avenir de la France et je promets d'y penser à chaque instant, dès les prochaines semaines, quelle que soit la décision des électeurs. En tout état de cause la République restera la République, je m'en porte garant.

Puis, avant l'examen des dernières affaires courantes, le président passe la parole au Premier ministre « qui souhaite confier quelques réflexions au gouvernement de la France ». Cette communication n'est pas conforme au protocole, mais Bernard Cazeneuve a demandé au chef de l'État l'autorisation de s'exprimer, sans préciser le contenu de son message. Il explique qu'il n'aurait pas dû se trouver là, qu'il a longuement hésité avant d'accepter l'étrange mission d'assurer la transition à Matignon, et que les faits, malheureusement, donnent raison à ses doutes.

— Nous avons eu tort de croire qu'un simple effet d'image suffirait à entraver un mouvement historique. Nous sommes rejetés, mesdames et messieurs, c'est injuste mais c'est profond. Et par voie de conséquence, nos adversaires les plus farouches bénéficient du désaveu de la plupart des gouvernements d'Europe. Dimanche prochain, quoi que nous fassions, nous perdrons la majorité. C'est une souffrance collective et personnelle, qui se double d'un regret : m'être prêté, de bonne foi, et en toute responsabilité, à une opération qui tenait davantage d'un brouillage que d'une clarification. Notre barrage républicain était un mur de sable. En l'érigeant, nous avons servi le discours de notre ennemi commun. Depuis quarante ans, l'extrême droite répète que nous sommes tous complices, tous dans le même sac. Ce « même sac » nous l'avons rempli ensemble. Et moi, qu'on me pardonne, j'en ai été l'incarnation…

Le président, furieux, l'interrompt :

— Je ne peux pas vous laisser dire cela, monsieur le Premier ministre.

— Je le dis pourtant, monsieur le président.

Le silence est tombé, tellement poisseux qu'il éteint l'exposé des ministres. Ils s'expriment l'un après l'autre, mais le bruit de leurs discours résonne comme au fond d'une piscine, un son noyé que plus personne n'écoute. Cazeneuve a mis des mots sur ce qu'ils ressentent et ils se disent qu'il a raison. C'est fini… En quittant l'Élysée, ils saluent les journalistes, assurent qu'ils ont confiance, affirment qu'ils sentent monter une mobilisation, mais n'y croient pas eux-mêmes. Ils songent avec effroi à la liste infinie de ceux qui furent ministres, un instant dans la lumière des cinquante dernières années, puis engloutis dans l'anonymat. Pendant ce temps, Cazeneuve et Macron achèvent leur conversation.

— Vous avez tort, Bernard, ce gouvernement d'union n'était pas un effet d'image mais un message politique. Nous aurions pu gagner. Nous le pouvons encore...

— Dans tous les cas, l'extrême droite aura cent cinquante députés, et ma bonne mine n'aura rien empêché du tout...

— Nous avons été battus par les attentats de l'Ascension. L'alliance des extrémistes. Depuis les années 1980, chaque malheur fait les affaires de la famille Le Pen. Ces attentats, à quelques jours des élections, étaient un cadeau pour eux. À se demander...

— À se demander quoi, monsieur le président ?

— À se demander... Rien... Le hasard, monsieur le Premier ministre... Le hasard...

Vendredi 17 juin

Le président de la République a décidé de s'adresser aux Français dans les journaux de 20 heures. Les oppositions crient à la dictature. On se croirait revenu à l'époque de Valéry Giscard d'Estaing, le discours de Verdun-sur-le-Doubs, sur « le bon choix ». Emmanuel Macron n'indique pas de préférence de vote, mais prévient les électeurs : « Vous allez décider de l'avenir de la France et je respecterai votre volonté. Mais en tant que président, élu et réélu par vous, je veillerai naturellement au respect de notre état de droit. » Ce discours est diversement accueilli. Certains commentateurs y voient une dangereuse dédramatisation, à même de déminer la peur de l'aventure, d'autres un avertissement à la future majorité.

Dimanche 19 juin

Étrange atmosphère. Une farouche indifférence enregistrée par les fourchettes de participation à midi : 14,5 %, soit encore moins qu'au premier tour. Et en même temps, partout dans les conversations, à la maison, dans les cafés et restaurants qui revivent après le coma de la Covid, et même sur les plages, s'impose l'idée que peut-être, ce soir, ou cette semaine, un événement considérable emportera la France dans une histoire que quelques-uns espèrent mais que la majorité redoute, un peu, beaucoup ou passionnément. Même chez ceux qui ont déjà glissé un bulletin Rassemblement national, l'inquiétude ne dort que d'un œil. Les Français ressemblent à un plongeur qui aurait peur de l'eau mais se serait quand même élancé, en fermant les yeux et en se bouchant le nez. Advienne que pourra. Y'en a marre.

18 h 30

Les instituts de sondages évaluent la participation finale à 37 % des électeurs inscrits. 63 % d'abstentionnistes ! Le vertige. Quel que soit le résultat final, le principal enseignement est déjà là. La question d'une réforme en profondeur des institutions de la Ve République ne se pose plus. Cette République s'est effondrée sur elle-même. Qu'on choisisse la VIe de La France insoumise, ou celle d'Arnaud Montebourg, ou celle des écologistes, ou qu'on en reste au baroque néogaullisme du Rassemblement national, la question institutionnelle, toujours remise à plus tard car trop éloignée, paraît-il, des préoccupations de la ménagère de moins ou plus de cinquante ans supplantera toutes les autres. Il faudra changer de bagnole. Le moteur ne fonctionne plus. Le démarreur est à plat, les injecteurs sont bouchés, l'embrayage est brûlé.

20 heures

La projection des résultats en sièges confirme les tendances du premier tour, mais aussi la confusion. Les législatives du printemps 2022 bouleversent soixante ans de science politique. Pour la première fois depuis l'inversion du calendrier, le parti du président subit une défaite majeure. En Marche et le Modem comptaient trois cent cinquante sièges et se retrouveront à cinquante-sept (vingt-sept pour En Marche, trente pour le Modem). Une défaite comparable au désastre socialiste de 1993. Et pour la première fois aussi, le scrutin majoritaire n'a pas bloqué l'extrême droite, bien au contraire : les fourchettes accordent de cent soixante-quinze à cent quatre-vingt-cinq sièges au parti de Marine Le Pen, renforcée par un Nicolas Dupont-Aignan qui pavoise, avec ses treize à quinze députés.

La droite classique enregistre une forte progression. Elle disposait de cent douze parlementaires, et elle en comptera de cent quatre-vingts à cent quatre-vingt-dix, redevenant sans doute le premier parti de France.

À gauche, le rassemblement des écologistes, des socialistes et des communistes a finalement sauvé les meubles. Cette alliance électorale restera dans l'opposition, mais comptera environ cent vingt députés : plus de soixante-quinze écologistes, une quarantaine de socialistes (soit dix de plus qu'en 2017), et quatre ou cinq communistes.

Enfin, La France insoumise, très inquiète à l'issue du premier tour, paraît avoir bénéficié d'un sursaut qui sauvera son groupe. Les projections de 20 heures accordent entre seize et dix-huit députés pour le mouvement de Jean-Luc Mélenchon.

L'APPEL DES 43

Lundi 20 juin, 6 heures, palais de l'Élysée

À la télévision, dans les radios, sur Internet, les journaux font et refont leurs comptes. Au petit matin, les chiffres sont enfin définitifs. Aucune majorité ne se dégage. La seizième législature est ainsi composée :

LR et divers droite : 186 sièges.
Rassemblement national : 180 sièges.
Debout la France : 14 sièges.
Modem : 30 sièges.
La République en marche : 27 sièges.
Écologistes : 78 sièges.
Parti socialiste : 40 sièges.
Parti communiste : 5 sièges.
La France insoumise : 17 sièges.

Les droites, tous partis confondus, disposent d'une écrasante majorité, mais sont divisées en deux forces officiellement inconciliables, à peu près équivalentes en nombre : Les Républicains d'un côté, le Rassemblement national de l'autre. Ces deux blocs sont officiellement homogènes, mais instables dans les faits. Une grosse minorité de députés LR a envie d'une union avec Le Pen, et un groupe important de nouveaux élus d'extrême droite, difficiles à quantifier car ils n'osent affronter ouvertement « la patronne », écoutent beaucoup Marion Maréchal, elle-même aiguillonnée par Éric Zemmour. Un Zemmour qui vient d'être élu en Seine-Saint-Denis et cumule ses fonctions parlementaires et son omniprésence audiovisuelle pour qualifier Marine Le Pen de « femme de gauche ».

Au centre, on trouve les mouvements « ni droite ni gauche ». Ou plutôt on ne les trouve plus. Fortement majoritaires en 2017, ils ont été laminés. Le Modem a plus ou moins sauvé les meubles, mais La République en marche est la victime impressionnante de ce rendez-vous électoral, passant de trois cent huit à vingt-sept sièges.

Au centre-gauche (écologistes, socialistes et communistes), on ne peut pas pavoiser, mais on retrouve quelques couleurs grâce à la percée d'Europe Écologie. Jamais les Verts n'ont mieux concrétisé à l'Assemblée leur progression dans l'opinion. Ils se situent pourtant très loin de la majorité nationale que leurs victoires municipales leur laissaient espérer.

Enfin, côté France insoumise, la politique d'opposition systématique et populiste engagée par Jean-Luc Mélenchon, loin d'avoir profité à son mouvement, a grossi le bataillon du vote protestataire de l'extrême droite.

Si le commentaire des chroniqueurs est multiple et contradictoire, il bute sur la même question : sans majorité, que peut faire le président ? Avec une telle abstention, une poussée populiste aussi massive, et avec l'affaiblissement des forces qui ont dirigé la France de 1958 à 2022, le pays est-il encore gouvernable, et par qui ?

Emmanuel Macron, un peu pâle mais impavide, regarde la télévision. Ces « politologues de bazar » l'exaspèrent – il les écoute quand même. Eux parlent de Bonaparte et de Bérézina, lui se sent étrangement calme. Il est seul, ses troupes ont été décimées, mais il n'est pas accablé, contrairement aux conseillers et aux fidèles qui l'ont quitté hier soir, vers minuit, désespérés, et qui s'apprêtent à le rejoindre.

Il a demandé à Alexis Kohler de le retrouver avant la réunion. Kohler arrive, tiré à quatre épingles, visage chiffonné. Un serveur prénommé Gilbert ne tarde pas à apporter un petit déjeuner, café, lait, œufs au plat, viennoiseries, jus de fruits. Il porte son plateau avec une tête de circonstance, comme on le ferait en déposant une gerbe au monument aux morts, sur la tombe du Soldat inconnu. Emmanuel Macron s'en amuse et sourit de toutes ses dents :

— Allons, Gilbert, que nous vaut cette figure d'enterrement ? Il fait beau, c'est l'été, les vacances approchent, que demander de mieux ?

— Rien, monsieur le président, rien…

L'homme se retire, cérémonieux.

Emmanuel Macron ne touche ni aux œufs ni aux croissants, il se contente d'avaler un café noir.

— À votre avis, Alexis ?

— À mon avis, ces résultats sont tellement exécrables qu'ils en deviennent intéressants…

— Vous voulez dire ?

— La République en marche a fait naufrage, vous n'avez plus de majorité, mais comme personne n'a clairement gagné, vous n'avez pas vraiment perdu. Vous pouvez garder la main. Vous disposez d'une certaine marge.

— Et j'appelle qui à Matignon ? Pour quelle majorité ?

Kohler n'hésite pas une seconde :

— Xavier Bertrand, naturellement. La droite est majoritaire dans le pays, et c'est LR qui obtient le plus de sièges. Complétez ce groupe avec vos Marcheurs rescapés, avec le Modem, quelques écologistes, et, qui sait, quelques socialistes, et vous aurez une majorité relative que personne n'osera renverser sous peine d'amener l'extrême droite au pouvoir.

Emmanuel Macron sourit avec une pointe de malice, il laisse briller ses incisives écartées. L'air d'un sale gosse qui prépare un mauvais tour.

— Merci, Alexis. Je me disais la même chose. Mais puisque vous êtes d'accord, allons-y. Appelez Bertrand. Quitte à cohabiter, prenons le moins infréquentable…

8 heures, place Beauvau

Alexis Kohler a contacté Xavier Bertrand. Le ministre de l'Intérieur a laissé sonner plusieurs fois son portable avant de décrocher, en lâchant un « oui ? » expéditif, puis a demandé qui l'appelait, alors que le nom du secrétaire général de l'Élysée s'affichait sur son écran.

— Ah, Alexis, bonjour ! Pardonnez-moi, je suis en réunion. Mais je libère mes collaborateurs et je vous rappelle dans cinq minutes. À tout de suite.

Il sait pourquoi l'Élysée l'appelle et feint l'indifférence. En réalité, Bertrand est seul et n'est pas dans son bureau. Ce coup de fil, il l'attend depuis l'aube. Une négociation va s'engager et le ministre de l'Intérieur tient à faire savoir au président de la République qu'il n'est pas demandeur. Il ne veut rien, n'attend rien, mais veut bien qu'on le veuille. Il n'a pas l'intention d'être une option, plutôt un recours obligé. Il a été le candidat de la droite à la présidentielle, le parti qu'il a incarné est le premier à l'Assemblée nationale, il est donc naturel que le chef de l'État fasse appel à lui, mais il posera ses conditions. La première est qu'on vienne le chercher.

Kohler ne soulève aucune objection. Il promet à Bertrand qu'il aura les coudées franches. Sa seule obligation sera d'informer minute par minute le président de la République de l'avancée de ses consultations. Les deux hommes refont les comptes : la droite, le Modem et ce qu'il reste de La République en marche représentent deux cent trente-sept sièges. Avec cette minorité, Xavier Bertrand contactera les écologistes et les socialistes pour négocier, au minimum, l'abstention de leurs députés lors du vote de confiance. Ensuite on s'entendra au coup par coup, au fil des lois. Il faudra faire de la broderie, mais Xavier Bertrand se sent l'âme d'une dentellière.

Avant d'achever la conversation, le potentiel Premier ministre demande à l'Élysée d'observer le secret le plus absolu sur leurs conversations.

— Nous avons une réunion du groupe LR, demain à l'Assemblée, et il y a parmi nous un certain nombre de zozos favorables à Marine Le Pen. Ils verraient d'un mauvais œil ce que nous préparons.

— Nous y veillerons, répond le secrétaire général, qui ajoute un « mais… » et laisse sa phrase en suspens.

Bertrand comprend. Plus il contactera de partenaires possibles, moins l'embargo sera garanti.

8 h 20, sur RMC

Parmi les invités de la matinale spéciale, Jean-Jacques Bourdin reçoit Nicolas Dupont-Aignan. Avec lui, le buzz n'est jamais déçu. Il a toujours un coup d'éclat d'avance. Même quand les faits le contredisent, même quand ses troupes le contestent, il a le mot qui claque. Sa cohérence, même quand il est incohérent, c'est qu'il est l'homme providentiel, quoi qu'il se passe, or, ce matin, son ego est en grande forme. Après des mois de fâcheries, il s'est rabiboché avec Marine Le Pen. Et s'il lui jure fidélité, il s'adresse au chef de l'État comme si le patron de la droite c'était lui :

— Ne trichez plus, monsieur le président. Respectez les électeurs. La droite est majoritaire et j'en suis le trait d'union. J'ai cheminé avec Les Républicains avant de fonder Debout la France, le Rassemblement national est mon allié. La nouvelle majorité, c'est moi.

En entendant cette candidature, Emmanuel Macron se marre. Une troisième fois depuis ce matin, le lustre monumental du Salon doré fait briller ses dents du bonheur. À quelques kilomètres, Marine Le Pen, qui écoute la même émission, est de plus méchante humeur. Elle s'emporte devant ses conseillers :

— Quel trou du cul ! Quand je pense qu'il va falloir me le fader au Conseil des ministres, j'aurais mieux fait de me pendre.

10 heures, palais de l'Élysée

Bernard Cazeneuve descend de la Renault Espace V qui l'amène de Matignon. Il n'aura pas beaucoup utilisé cette voiture de fonction. Un mois et demi qu'il est nommé et il s'en va déjà. Il salue les journalistes en levant le dossier qu'il tient à la main.

— Devinez de quoi il s'agit.

Il vient d'avoir le président au téléphone. Ils sont d'accord. Le gouvernement intérimaire ne peut pas être reconduit. Emmanuel Macron a indiqué au futur démissionnaire son intention de nommer Xavier Bertrand.

— C'est une bonne décision, a approuvé Cazeneuve. Reste à savoir si elle est encore possible.

— Vous voulez dire ?

— Bertrand disposera-t-il de la confiance de l'Assemblée ?

— Cela peut dépendre des socialistes et de vos amis écologistes, sinon ce sera Marine Le Pen et je n'y pourrais rien.

— Cela peut dépendre d'autre chose, monsieur le président.

— De quoi ?

— Vous devez avoir les mêmes informations. Elles viennent des mêmes services, et ces services nous disent que Les Républicains, ou en tout cas une bonne partie d'entre eux, pourraient être tentés par leur extrême plutôt que par le centre. Il paraît même qu'un accord serait déjà prêt.

— Ils n'oseront pas.

— Je nous le souhaite.

Cette fois, les dents du bonheur ne scintillent plus sous les pampilles.

À l'Élysée, l'entrevue a été courtoise et rapide. Le chef de l'État a raccompagné son ancien Premier ministre et lui a chaleureusement serré la main devant les photographes avant de le laisser répondre aux questions des journalistes. Bernard Cazeneuve n'a prononcé que quelques mots.

— J'ai pensé être utile en conduisant ce gouvernement d'union nationale, mais ma mission est terminée. Je mentirais en vous disant que le résultat des élections me comble. J'avais des doutes et j'aurais dû les écouter. Mais mon combat continue.

— Connaissez-vous le nom du prochain Premier ministre ? demande un journaliste de Franceinfo.

— Je n'ai aucun commentaire, et je vous remercie.

Il monte dans son Espace, en redoutant la passation des pouvoirs, demain ou après-demain, quand son successeur sera nommé. Son successeur ou sa… Comment dit-on au féminin ? Selon le Larousse, le terme n'existe pas, mais le dictionnaire Robert et l'Office québécois de la langue française proposent le mot de « successeuse ». À tout prendre, Bernard Cazeneuve aimerait mieux l'option Larousse.

10 h 30, dépêche AFP

« Le Premier ministre Bernard Cazeneuve a remis sa démission au président de la République, qui l'a acceptée », fait savoir dans un communiqué le palais de l'Élysée.

12 h 30, Le Monde.fr

« Urgent. Le président de la République a demandé à Xavier Bertrand d'engager des entretiens en vue de la formation d'un futur gouvernement. »

Sans plus de précision, le journal parle de sources concordantes et indique que l'Élysée, sans démentir, s'est refusé à tout commentaire.

Xavier Bertrand, furieux, appelle Alexis Kohler sur son portable :

— Monsieur le secrétaire général, vous vous étiez engagé à respecter un embargo absolu sur nos conversations.

— Nous l'avons respecté.

— Vous avez lu *Le Monde* ?

— Aussi bien que vous. Mais depuis ce matin, à combien d'interlocuteurs avez-vous parlé de nos projets ?

— À toutes les forces qui pourraient nous rejoindre, ou ne pas nous empêcher.

— Il faut croire que toutes ces forces ne savent pas tenir leur langue, ou qu'il s'en trouve pour vous gêner en bavardant. En politique, les confidences sont aussi des torpilles. Reste à savoir qui est le torpilleur.

— Je vais démentir.

— Ne faites pas cela, ce serait renoncer…

13 heures, journal de TF1

Une fois n'est pas coutume, la politique est à la une du journal de Marie-Sophie Lacarrau, avec la démission de Bernard Cazeneuve et l'hypothèse Xavier Bertrand. L'invitée est Marine Le Pen. Après un reportage sur les événements de la matinée, et un papier d'analyse du chef du service politique, Adrien Gindre, Marine Le Pen apparaît à l'écran.

Elle se compose un visage grave, mais elle a l'œil qui brille, comme si la nomination potentielle d'un rival à Matignon, loin de l'inquiéter, l'amusait au contraire. Regardant la caméra, elle se lance dans un solo appris par cœur :

— Ce matin, je veux m'adresser au président de la République, gardien de nos institutions. Monsieur le président, nous respectons votre fonction, et votre fonction vous oblige à respecter la France. Or la France a décidé. Elle vient d'envoyer à l'Assemblée nationale une très large majorité de droite. Vous ne pouvez pas l'ignorer. Ne jouez pas avec les élections. On ne brouille pas le jeu, quand on est chef de l'État. La réalité qui s'impose à nous tous, et à vous le premier, c'est que la vraie droite est prête à gouverner.

L'interview n'est pas terminée que des alertes tombent en cascade sur des millions de téléphones portables : « Marine Le Pen candidate à Matignon », « Marine Le Pen exige de gouverner », etc.

13 h 30, AFP

Dans une dépêche urgente, l'agence France presse diffuse le communiqué de l'ancien président de la région Hauts-de-France. Il y précise que « les informations concernant la formation d'un futur gouvernement sont largement imaginaires. Il est naturel que des entretiens puissent avoir lieu entre le président de la République et les représentants des partis politiques, après les élections législatives, mais ces conversations n'ont donné lieu à aucune décision, encore moins à un engagement de ma part ».

Il ment et ne ment pas, ainsi va le poker politique.

Après-midi

Le désordre et l'énervement ne cessent de monter. Seule La France insoumise, qui ne fait partie ni des appelés ni des arbitres, est à l'unisson du tweet lâché par Jean-Luc Mélenchon et aussitôt repris par Alexis Corbière, Raquel Garrido, Éric Coquerel ou Adrien Quatennens : « Macron fait chauffer son frichti avec LR, le PS, les écologistes et ce qui reste de son parti. En clair, il joue avec la droite, la droite, la droite, et encore la droite. Ils s'entendent entre clones. Le jour approche où les gens les renverront. Ce jour-là nous serons aux côtés du peuple. »

Au Parti socialiste, l'ambiance est à l'émeute. Toutes proportions gardées, on vit l'après-midi des Longs Couteaux. Les dirigeants sont bousculés par ceux qui dénonçaient en interne le « carnaval du gouvernement d'union nationale ». Au téléphone, Stéphane Le Foll, qui vient d'être réélu député, appelle Olivier Faure, en discussion avec Jean-Christophe Cambadélis et Julien Dray, qui songent à un soutien sans participation.

Le Foll est fou de rage contre Faure qui l'a battu en mars 2018 pour le poste de Premier secrétaire du Parti socialiste :

— Tu nous trahis encore, Olivier ? À cause de toi, nous nous sommes effacés derrière Jadot à la présidentielle, à cause de toi nous avons avalé la ridicule nomination de Cazeneuve à Matignon, et maintenant tu en remets une louche avec Bertrand ?

— Tu délires, Stéphane… Je ne remets rien du tout… Depuis dimanche, je n'ai parlé à personne…

— Alors c'est encore pire ! Un gouvernement Bertrand ne tiendrait pas deux jours sans l'aval des socialistes et des écologistes. Macron parie que nous le laisserons faire. Il est certain que nous nous abstiendrons, et que Bertrand naviguera grâce à des majorités relatives. D'où il la tient, cette assurance ? Donc, Olivier, soit tu mets fin à notre humiliation, soit je m'en occupe moi-même. Débrouille-toi comme tu voudras, mais fais savoir que nous sommes dans l'opposition, et que nous y resterons.

— Tu es beau comme de l'antique, Stéphane. La pureté incarnée. Et tu sais ce que tu me demandes, avec tes mains propres ? Tu me demandes de laisser Marine Le Pen s'installer à Matignon.

— C'est leur affaire, pas celle du Parti socialiste.

— Accessoirement, c'est l'affaire de la France…

Un blanc au bout du fil, comme une hésitation, et Le Foll raccroche dans une espèce de grognement, qui veut tout dire et son contraire.

— Démerde-toi, moi je rentre au Mans…

Chez les écologistes, la tempête atteint le niveau douze sur l'échelle de Beaufort. La rumeur de la nomination de Bertrand, accréditée par son démenti alambiqué, met en fureur les opposants les plus déterminés à Yannick Jadot, Éric Piolle ou Sandrine Rousseau, mais aussi Julien Bayou qui l'a pourtant soutenu. Persuadés qu'un accord se dessine avec la droite, ils exigent, eux aussi, un communiqué qui coupera court à l'hypothèse d'un soutien par défaut au futur gouvernement.

— Yannick, si tu permets, ton joujou du ministère d'État, tu le ranges dans ton album photo et tu regardes où ça nous a menés. Les législatives sont un naufrage. La droite est archimajoritaire. Et tu voudrais recommencer ?

— Je ne veux rien recommencer du tout, je n'ai rien décidé et je ne déciderai rien sans vous avoir consultés, toi et les autres. Je t'affirme que les rumeurs je les découvre en même temps que toi. Mais avant d'aller plus loin, monsieur le député…

Jadot est pâle. Il reprend sa respiration. Il essaie de se maîtriser :

— Si tu veux bien, Julien, lève la tête et compte les députés écologistes qui seront autour de toi. Sauf erreur de ma part, nous serons soixante-dix-huit. Compare ce chiffre à ce que nous étions en 2017, c'est-à-dire zéro, et dis-moi où est le naufrage…

— Les circonstances ont changé. Nous sommes portés par un courant puissant. Nous aurions dû gagner et nous avons perdu. Nous sommes donc un groupe d'opposition, d'opposition déterminée, et tu dois le dire ! Tu dois l'écrire !

— D'opposition à qui ?

— Quelle question… À Xavier Bertrand !

— Non ! C'est au gouvernement Marine Le Pen que tu vas t'opposer. Si tu torpilles Bertrand, tu fais la courte échelle à Marine Le Pen.

— Je refuse cette dialectique.

— Elle se passera de ton refus. Ce n'est pas une dialectique, c'est la réalité. Refuse-la, jette-la par la porte en jouant les autruches, elle rentrera par la fenêtre et tu en répondras devant l'Histoire.

— Fais des phrases autant que tu voudras, je peux t'assurer que si tu refuses de censurer Bertrand, tu te retrouveras tout seul.

— Je t'aurai prévenu, Julien. J'entends ce que tu dis et je ne déciderai rien contre la volonté du groupe, mais réfléchis quand même. Je ne suis pas sûr que les intransigeants qui collent au train de Mélenchon aient prouvé quoi que ce soit…

Dès que Bayou met fin à la conversation, Jadot appelle Bertrand :

— Désolé Xavier, mais nous ne serons pas neutres… Je crains que mon groupe ne soit dans ton opposition. Je ne suis d'ailleurs pas sûr d'en devenir le président.

— Décision prise à l'unanimité ?

— Les écolos ne sont jamais unanimes.

— Et le PS ?

— Même tendance.

— Alors j'irai quand même, et vous prendrez vos responsabilités devant le pays, publiquement, pas planqués derrière vos téléphones.

18 heures

Au siège de LR, Christian Jacob est inquiet. À part quelques appels de Gérard Larcher, alarmé, de Jean-Pierre Raffarin, phraseur, de François Baroin, désabusé, de Laurence Saillet, pleine de sous-entendus, et d'une foule de journalistes qui insistent pour l'inviter sur leur antenne alors qu'il est suspendu aux démarches de Bertrand, il n'a reçu aucun message de ceux qu'il appelle « mes conspirateurs ». Il sait pourtant qu'ils se sont réunis en fin de matinée, Laurent Wauquiez, Guillaume Peltier, Guillaume Larrivé, Bruno Retailleau, Valérie Boyer, Julien Aubert, et Georges Fenech qui a retrouvé son siège de député. Ils ont déjeuné ensemble. Ils se sont réunis au Bistrot italien, rue de Bourgogne, à deux pas de l'Assemblée nationale, après avoir longuement trinqué au bar, comme s'ils voulaient que tout Paris soit alerté. Ça n'a pas échappé à Rachida Dati, toujours bien informée, et toujours soucieuse de le faire savoir. Elle a prévenu Jacob, sur un ton grave qui cachait mal une certaine allégresse, entre Hitchcock et *Petits Meurtres entre amis*.

Dati a du mal à retenir sa joie, non qu'elle soutienne les uns ou les autres – Dati ne soutient qu'elle-même –, mais elle s'amuse de voir « ceux qui lui ont manqué » sur le point de s'écharper. Elle a des comptes à régler avec la direction de son parti, qui ne l'a pas désignée candidate à l'élection présidentielle, et avec les opposants regroupés autour des amis de François Fillon, qu'elle déteste. Fillon dont on dit qu'il ne serait pas étranger à ce qui se mijote, manière pour lui de rendre un chien de sa chienne à ceux qui « l'ont trahi » pendant l'affaire Pénélope.

Depuis lors, le standard de LR est au chômage. Il somnole comme au mois d'août. Après-midi de calme plat. Christian Jacob songe à l'œil du cyclone, où tout est limpide et serein sous un ciel étrangement bleu, pendant qu'une nuée noire s'avance en tournoyant, déchirée d'éclairs. Seul Bertrand a appelé, vers 16 heures, en nourrissant les inquiétudes. Les nouvelles ne sont pas bonnes du côté des écologistes et du Parti socialiste, et il veut savoir s'il peut au moins compter sur Les Républicains.

— Tu sais bien que oui, lui a assuré Jacob, sur un ton trop las pour être rassurant.

La foudre est tombée du web à 18 heures exactement. Un coup de grâce assené par le site Valeursactuelles.com, sous la forme d'un clin d'œil à l'histoire de la droite. Une tribune pour un divorce. Un texte intitulé « Appel des 43 », comme celui que Jacques Chirac avait signé en 1974, pour torpiller Jacques Chaban-Delmas. On avait parlé de fidélité, à cette époque aussi, même si quarante-trois gaullistes avaient descendu leur candidat au profit de Valéry Giscard d'Estaing, l'homme qui avait lui-même fait tomber de Gaulle cinq ans plus tôt. Ainsi va la politique, parfois…

Outre les convives du Bistrot italien, l'appel du 20 juin 2022 est signé par Bernard Carayon, tout juste réélu, Nadine Morano, également réélue, Laurence Trochu, Olivier Amiel, Édouard Courtial, Philippe Meunier, Sébastien Huyghe, Brigitte Kuster, Lydia Guirous, Geoffroy Didier, etc. Quarante-trois noms, parmi lesquels on ne trouve pas Jean-François Copé, mais qui seraient soutenus par beaucoup plus de députés, aux dires des signataires.

Le texte est assez court, dans le genre appel du 18 juin. Dès les premières lignes, il demande qu'un accord soit passé avec Marine Le Pen, en vue de fonder une nouvelle majorité :

« Nous, députés de la nation, membres du parti Les Républicains et serviteurs de l'idéal gaulliste, refusons de céder à l'instabilité politique qui menace de plonger la France dans le régime des partis. Les Français ont voté. Ils ont envoyé à l'Assemblée nationale une majorité clairement ancrée à droite. Il faut les écouter. Tel est notre devoir.

Le groupe LR a la capacité de participer aux réformes politiques attendues depuis longtemps par le pays, dans le respect de ses valeurs et de son histoire. Nous avons pris contact avec les élus du Rassemblement national, Marine Le Pen en tête, et ceux de Debout la France, derrière Nicolas Dupont-Aignan, en vue de constituer un gouvernement sur la base d'une alliance respectueuse des valeurs de chacun. Nos points de vue se rejoignent et se confortent, dans le respect absolu de la Constitution de la Ve République.

Nous, députés Les Républicains, en appelons à nos dirigeants : il faut rompre avec les vieilles méfiances et lever les tabous. La grande coalition des droites est le cap impérieux, le chemin nécessaire. Nous sommes quarante-trois ce soir, mais notre appel est appuyé par quatre-vingt-dix de nos députés. Demain, grâce au soutien de tous, le groupe LR dans son ensemble doit s'engager dans cette nouvelle espérance. »

18 h 15

À peine le texte publié, Laurent Wauquiez appelle Christian Jacob :

— Tu as compris notre démarche, Christian ?

— Tu veux parler de votre coup de poignard ?

— Je veux parler de l'alliance nécessaire. Il n'y a pas d'autre choix. Est-ce que tu nous rejoindras ?

— Il n'en est pas question…

— Prends plutôt ta calculette. Le RN a cent quatre-vingts députés, nous sommes au moins quatre-vingt-dix, et Debout la France en a quatorze, ce qui fait deux cent quatre-vingt-quatre. Si tu veux nous renverser avec les quatre-vingt-seize députés qu'il te reste, au cas où tu les gardes, tu l'expliqueras à nos électeurs…

— Et qui sera Premier ministre ?

— À ton avis ? Tu connais plus légitime que Marine Le Pen ? Tu te souviens de son score du second tour de la présidentielle ? Qui peut lui contester le poste ? Toi, peut-être ?

Silence interminable. Jacob remue la tête et bafouille :

— C'est impossible… On court à la catastrophe…

— Fais comme tu voudras, ou plutôt comme tu pourras…

Le téléphone sonne dans la foulée. Cette fois, c'est Xavier Bertrand :

— Tu comptes faire quoi, Christian ?

— Et toi, Xavier ?

— Je compte attendre ta réponse… S'ils font alliance, tu les renverses à l'Assemblée, et tu les exclus de ton parti ?

— De deux choses l'une. Soit je ferme les yeux en m'abstenant, soit je vote une motion de censure et je casse les Républicains…

— Et ?

— Si je ferme les yeux, rien ne m'empêchera de les ouvrir plus tard. Si je casse le groupe, ce sera pour toujours. Je ne vais donc exclure personne, ou pas tout de suite, et déplorer la démarche des quarante-trois, ou des quatre-vingt-dix, en espérant des jours meilleurs.

— Dans ce cas, je rentre à Lille. Je préviens l'Élysée. Bonne continuation…

Les téléphones sont maintenant en folie, le portable comme le filaire. Tout ce que la France compte de journalistes politiques essaie de contacter Christian Jacob, mais il ne décroche pas. Mis à part un échange de cinq minutes avec Gérard Larcher, qui s'inquiète au Sénat, il ne parle à personne. À son assistante qui lui demande s'il ne devrait pas calmer la presse en publiant un communiqué, il répond :

— Je suis en hibernation. Qu'on ne me réveille pas avant l'automne prochain.

MADAME LA PREMIÈRE MINISTRE

Lundi 20 juin, 18 h 45, palais de l'Élysée

Autour du président, les dorures brillent à contre-emploi. Ce décor tout en pompe fait penser au *Te Deum* de Marc-Antoine Charpentier, hymne triomphal de l'ORTF, mais dans le cas présent il a l'air d'accompagner une troupe déguenillée revenant de Waterloo. Il y a là Christophe Castaner, les yeux cernés, qui triture le communiqué des quarante-trois, Gérald Darmanin blanchi, plus séché que pète-sec, Alexis Kohler avec son air de Minion de compétition, et l'invité surprise, le deuxième personnage de l'État, Gérard Larcher, qui rumine sombrement dans son menton de Pélican.

Larcher a été appelé d'urgence, parce que Christian Jacob est aux abonnés absents, et qu'Emmanuel Macron veut savoir à quoi s'attendre avec Les Républicains. Il vient d'avoir Xavier Bertrand, qui renonce à devenir Premier ministre, mais se demande ce que fera la droite classique. Va-t-elle se scinder en deux en votant contre un gouvernement Le Pen dans lequel siégeraient plusieurs de ses ténors, ou détournera-t-elle les yeux, comme elle le fait depuis trente ans, pour ne pas casser le parti…

— Que voulez-vous qu'on fasse, monsieur le président, même si, évidemment, nous condamnons ce rapprochement ?

Colère glacée du président de la République :

— Vous pouvez rompre ou vous coucher, à vous de choisir…

— Quand on se couche, on peut se lever. Quand on rompt, c'est pour toujours. Le chêne et le roseau…

— Quel sens de la formule ! Vous êtes sûr que Bayrou appréciera ?

— Non…

— Et à LR, que personne ne votera une motion de censure ?

— Non…

— Ils sont combien, vos mutins ? Quarante-trois ou quatre-vingt-dix ?

— Plus près de quatre-vingt-dix… Je suppose que vous avez fait les comptes ? Billet de première classe pour Marine Le Pen. Je crains que vous n'ayez pas le choix, monsieur le président. Mais bon… La patrie n'est pas en danger. Le Sénat veillera dans sa grande sagesse à ce que la dame ne dépasse pas les bornes, et vous êtes là…

Le président accuse le coup. Il lève les yeux vers le lustre monumental, dont les cristaux ne lui sont d'aucun secours. Il consulte Alexis Kohler du regard, mais Kohler, perplexe, arrondit seulement les sourcils.

— Merci de votre bienveillance, mais je m'en voudrais de déranger le sommeil de vos troupes, cher

Gérard. Je me débrouillerai avec la France, qui, je vous le rappelle, vient de me réélire.

Larcher se lève et salue. Il se dirige vers la porte, accompagné par un huissier, puis lâche avant de partir, soudain plus rose :

— Je suis heureux de vous trouver dans cette humeur, Emmanuel. Si vous aviez songé à renoncer, j'aurais hérité du bébé, et croyez-moi, je préfère vous le laisser.

Il hoche la tête, content de lui, salue et s'en va.

Larcher parti, le groupe est renvoyé à sa déroute. L'ambiance est accablante. Emmanuel Macron n'est pas défait, on le sent même combatif, intéressé par l'ironie de l'Histoire. Depuis le temps qu'on lui cassait les pieds avec Marine Le Pen, en l'accusant de tout miser sur elle pour se maintenir à l'Élysée, il va l'avoir sur les bras, pour de bon. Les bookmakers disaient « Ce sera lui, ou ce sera elle », et voilà qu'ils en ont deux pour le prix d'un.

Non, ce qui tourmente le président, c'est le visage de ses compagnons. Comme tant d'autres députés, Castaner et Darmanin ont été humiliés dans leurs circonscriptions, battus par des lepénistes à peu près inconnus. Que vont-ils devenir ? Comment la troupe émerveillée, surgie de nulle part en 2017 et croyant réinventer le monde, va-t-elle retourner à son anonymat, au quotidien, aux démarches administratives, au job qu'il faut décrocher, au téléphone qui ne sonne plus, à la télé qu'on regarde et dans laquelle on n'est plus invité ? Emmanuel Macron se dit que dans la vie, décidément, il a tout réussi, sauf tout. À la maison, il n'a pas eu d'enfants. En politique, il n'a pas eu de troupes. Son armée ne s'est jamais constituée.

De Gaulle a inventé les gaullistes, Mitterrand les socialistes, Chirac le RPR, Sarkozy les sarkozystes, mais lui n'a inventé que lui. Il est là à l'Élysée, dans le Saint des saints, et il y restera, mais il est seul.

Gérald Darmanin le tire de sa rêverie :

— Avant de vous quitter, monsieur le président… Je voudrais vous faire part d'un regret… Cet attentat…

— Nous en avons déjà parlé, Gérald.

— Tout de même. Ce suspect… Le propriétaire du sac à dos… Il a milité pour Jean-Marie Le Pen, et maintenant pour sa fille…

— Ce n'est pas lui qui a posé les explosifs, tu le sais bien…

— Ça ne peut pas être un hasard.

— Tu crois que je l'oublie ?

— Mais, désormais qui va mener l'enquête ?

— J'ai mon idée…

Darmanin n'en finit pas de remâcher ses états d'âme, et ça agace Alexis Kohler, qui s'impatiente… Ils ont toujours été distants, mais entre Darmanin et lui, depuis dimanche, il y a comme des années-lumière. L'un est à la mer et l'autre est à la tâche. L'un coule, l'autre surnage. L'un ne sait plus ce qu'il va faire de ses journées, l'autre est « overbooké ». L'un a des regrets, l'autre a du taf.

— Bon… On décide quoi, monsieur le président ? J'appelle Marine Le Pen, ou on attend encore ?

Castaner essaie d'intervenir :

— Et pourquoi Marine Le Pen ? Pourquoi pas Louis Aliot ou quelqu'un d'autre, histoire de mettre le bazar ?

— Parce qu'elle est le chef du parti le plus puissant, et la candidate du second tour de la présidentielle, coupe Emmanuel Macron, cassant. S'il doit y avoir du bazar en France, ce ne sera pas à cause de nous. Je suis le gardien des institutions, j'entends le rester, donc je les respecte et je commence tout de suite.

Alexis Kohler reprend la balle au vol :

— Alors je l'appelle, et vous la rencontrez, disons demain matin ?

— Non. Pour l'instant, tu la laisses mariner, et tu préviens les télés. J'interviendrai à 20 heures. Ce soir. En direct.

20 heures

« Le président n'est jamais aussi bon que lorsqu'il est dos au mur. » Cette phrase, on l'a dite pour Giscard, on l'a répétée pour Mitterrand, on s'en est émerveillé pour Chirac, on l'a soulignée pour Sarkozy, on y a cru pour Hollande, on y revient pour Macron. C'est le leitmotiv des éditions spéciales qui suivent son allocution, dans la bouche des politologues, qui la prononcent avec des airs d'avoir trouvé du pétrole. Ils ont pourtant raison. C'est une tarte à la crème, mais le diagnostic est juste. Au-delà du réflexe de révérence au roi républicain, ils n'ont pas tort de dire que Macron a tenu le choc. Ravagé dans les urnes, quasi privé de pouvoir, presque ridiculisé, il a brillé pendant sa prestation. Il s'est hissé à la hauteur de la fonction. Il n'a pas mégoté sur sa défaite. Il n'a pas noyé le poisson. Les Français ont décidé, il les a entendus. Une alliance majoritaire est en train de se nouer, il nommera un Premier ministre issu de ses rangs. Il a dit « un » et pas « une » et cela suscite des interrogations. Cette majorité n'est pas celle qu'il souhaitait, il l'admet, elle inquiète le pays, elle interroge l'Europe, elle interpelle le monde, mais elle est légitime et son devoir est de l'entendre, dans le respect de la Constitution, il y veillera. D'une inflexion de la voix, il souligne ce dernier mot et le laisse en suspens. Il y a comme un avertissement dans ce silence, comme un rappel à l'ordre. L'ordre c'est lui et il est là. Il vient d'être battu, mais il a gagné en mai.

Marine Le Pen est chez elle. Elle le regarde et s'écrie :

— Il a pas fini de nous emmerder…

Ses invités approuvent. Elle s'esclaffe, elle donne le change, elle a le vertige, elle est bravache, elle réalise. Elle jouait aux échecs, elle avançait ses pions, puis elle rangeait les pièces quand la partie était finie, et là, depuis dimanche, le jeu n'est plus du jeu. Depuis le temps qu'elle plaçait des mots dans des discours, elle va devoir installer des gens dans des fonctions, faire voter des lois à l'Assemblée. Elle accomplira des actes et devra en répondre. Les mots c'est plus commode. Ça peut se retourner, se gommer, ça frappe et ça s'oublie, on en change comme de chemise, d'ailleurs elle en a changé plus souvent qu'à son tour. Sortir de l'Europe et maintenant y demeurer, revenir au franc puis accepter l'euro, supprimer le mariage homo et le garder désormais, militer pour le zig et défendre le zag – cinquante ans que ça dure depuis son père, avec en prime le fracas des jugements derniers, et soudain le réel lui tombe sur la tête. Il va falloir trancher, choisir, donc éliminer, temporiser, promettre et compromettre. « Les emmerdements commencent », songe-t-elle comme Mitterrand en 1981, mais avec son vocabulaire fleuri.

Depuis dimanche, elle est harcelée. Par ceux qui veulent entrer au gouvernement, et ceux qui, comme sa nièce qui vient d'être réélue à Carpentras, ou comme Éric Zemmour, élu contre toute attente en Seine-Saint-Denis, lui déconseillent d'y aller : « Tu vas faire quoi avec Ciotti, Wauquiez et toute cette bande ? Tu vas faire la gentille ? Tu vas les imiter ? Tu vas gouverner comme eux ? Tu vas rentrer dans leur moule ? Tu vas faire des grâces au Chancelier allemand et à la mère Lagarde pour qu'elle te prête des sous ? Je ne te donne pas six mois… »

C'est pour ça qu'elle a choisi de se planquer chez elle et pas au siège. Au moins, elle peut filtrer. Inviter qui elle veut. À sa table et devant sa télé, il y a naturellement son majordome, son Nestor juvénile, Jordan Bardella, mais aussi le vieux routier de toutes les guerres, entré au Front dès 1974, élu à l'Assemblée en 1986, Jean-François Jalkh, aujourd'hui député européen ; Jean-Lin Lacapelle, ancien directeur commercial chez L'Oréal, également député européen ; Louis Aliot, l'ancien compagnon, aujourd'hui maire de Perpignan ; Philippe Olivier, beau-frère et député européen ; Steeve Briois le maire d'Hénin-Beaumont ; Bruno Bilde, son adjoint et compagnon, député depuis 2017 ; Dominique Bilde, mère de Bruno. Un mélange indescriptible de réseaux politiques, de sous-réseaux, de liens familiaux, inter-familiaux, familiaux élargis, d'ex, de chouchous, de repentis, de revenants, de pardonnés, de toujours là, de ralliés, de prises de guerre.

Parmi eux, Jean-Paul Garraud, ancien de l'UMP, à qui elle a confié la tête de liste aux régionales et qui y a sombré. Ce juge dans le civil est arrivé chez Marine Le Pen en même temps que son ami Thierry Mariani, qui n'est pas à Paris mais la harcèle au téléphone depuis Moscou. Il trépigne. Il veut le Quai d'Orsay. Il dit qu'il le mérite, qu'il est seul à n'avoir pas sombré aux régionales, qu'elle le lui doit. Il a ses entrées partout. Il a la ligne directe de Poutine… Il la fatigue. Ils veulent tous quelque chose. Elle aurait mieux fait d'aller à la piscine.

Le coup de « l'appel des 43 », Marine Le Pen le voyait venir depuis le second tour de l'élection présidentielle. Son score avait impressionné les meneurs de LR tentés par un rassemblement de toutes les droites. Ils avaient fait profil bas en interne, pour garder leurs investitures, mais avaient pris contact, le *Canard* s'en était fait l'écho. Julien Aubert d'abord, mais aussi Éric Ciotti pour marchander un désistement dans sa circonscription, puis Nadine Morano pour une « conversation entre femmes engagées », et même Laurent Wauquiez qui l'avait croisée par hasard, près du siège du Rassemblement, dans le XVIe arrondissement de Paris… Puis les dissidents LR avaient lancé la négociation en expliquant que la seule chance d'obtenir la neutralité, sinon le feu vert de leur parti, était de mettre en place une majorité « appétissante ». Trente sesterces ne feraient pas l'affaire. Il fallait des ministères en nombre, afin que dans cet accord aucun des partenaires ne passe pour « le harki » de l'autre.

Cette référence à la guerre d'Algérie l'avait amusée, elle les avait vus venir, avec leurs gros sabots, mais elle avait dû se rendre à l'évidence. Si elle était la maîtresse du jeu, la maîtresse est l'esclave de son esclave, Hegel l'a déjà dit au masculin. Elle devrait faire des concessions, les premières d'une longue série, elle, la descendante d'une tradition Le Pen dont le discours dynastique se résume en une formule : « Pas de concessions ! » Elle avait consulté ses proches, et même encore une fois sa nièce Marion, qui l'avait rabrouée, dans un mélange de glace et de colère :

— Mais tu t'arrêteras où, Marine ? Tu as déjà accepté l'Europe de Schengen, tu as accepté l'euro, tu as accepté le mariage homo, et maintenant tu vas accepter de gouverner avec Ciotti ? À force de te dédiaboliser, ma pauvre, tu vas devenir l'ange gardien du système et tu tomberas comme lui !

Mardi 21 juin, 4 h 30, Maison de la Radio

Dans son bureau de France Inter, Claude Askolovitch épluche la presse et explore les médias numériques. Il ne sait plus s'il est de mauvaise humeur ou désespéré. L'imminente arrivée de Marine Le Pen à Matignon, ce cauchemar agité comme un épouvantail dont on avait fini par croire qu'il resterait mythique, le bouleverse et le renvoie à lui-même. Askolovitch est un journaliste engagé. Au service de personne, mais engagé pour ses idées, et plus encore au fil du temps qui passe, engagé pour un idéal. Une humanité fraternelle où le juif qu'il est fièrement serait le frère du musulman qu'il défend à longueur de journée. Car oui, Askolovitch est rangé dans la case « islamo-gauchiste » par le discours officiel, et il lui arrive de ne pas voler cette caricature. L'arrivée au pouvoir de l'extrême droite, il la vit comme un échec personnel. Comme une débâcle de l'an 40. « Mais qu'a-t-on fait pour en arriver là ? »

Cette question, elle court dans la presse. *L'Humanité* accuse en bloc « la danse du ventre de Darmanin pour avoir l'air plus féroce que Le Pen » et « la trahison des socialistes et des pseudoécologistes associés à la droite dans un déshonorant gouvernement Cazeneuve ».

Dans *Libération*, Jonathan Bouchet-Petersen fustige les deux ailes de la gauche. « À force de renvoyer tout ce qui ne lui ressemble pas à l'extrême droite, la gauche radicale a obtenu ce qu'elle voulait. Emmanuel Macron et Marine Le Pen vont sans doute cohabiter. À force de compromis et de compromissions, la gauche de gouvernement, associée aux écologistes réformistes, n'a rien obtenu du tout. Marine Le Pen est aux portes du pouvoir. Ce matin, après des années de déchirements, les deux gauches sont enfin rassemblées. Aux yeux de l'Europe et du Monde, elles sont unies dans un désastre historique, qui fait honte à la France. »

Dans *Le Figaro*, Guillaume Tabard ne donne pas dans le commentaire moral. Il explore les rapports de force, à la manière des horlogers. Dans un éditorial intitulé « L'aventure *ma non troppo* », il dresse le bilan de la séquence électorale : « Depuis le temps qu'ils en avaient envie, les Français se sont lâchés. Ils ont abondamment voté pour le Rassemblement national. Mais ils ont craqué avec modération. En confirmant d'abord Emmanuel Macron à l'Élysée, ils ont placé Marine Le Pen en situation de pouvoir, mais en résidence surveillée. Le président a subi un échec, mais la future Première ministre serait mal avisée de se croire toute-puissante. »

Claude Askolovitch évoque aussi le blog de Jean-Luc Mélenchon dans sa revue de presse de 8 h 45. Un message fiévreux, mis en ligne la veille. Le chef de La France insoumise promet des lendemains qui grondent : « Grande tristesse au soir de ce lundi. La droite a décidé de rejoindre l'extrême droite, ce qui n'est pas une première. Les masques sont tombés, et tomberont avec une indécence encore plus crue dans les prochaines heures, quand Emmanuel Macron appellera Marine Le Pen à Matignon. Depuis le temps que ces duettistes accaparent l'espace politique avec la nauséabonde complicité des médias, nous allons les voir à l'œuvre, dans leur brutalité décomplexée, et il y a là matière à espérance. Maintenant qu'ils se partagent tous les pouvoirs, ils répondront de leurs méfaits devant le peuple, qui les châtiera avant longtemps. Leur victoire apparente est la prémisse de leur chute. »

Laurent Joffrin lui répond dans sa lettre. En quittant le journalisme et en créant le mouvement Engageons-nous, il vient de militer pour une union des gauches capable de faire barrage au face-à-face Macron Le Pen, mais il a échoué. Son message s'est perdu dans les sables électoraux. Sa voix qu'il croyait puissante a été soufflée par les fureurs de la campagne : « Mélenchon a brillamment réussi : il est enfin seul ! Lui et ses adorateurs ont transformé la gauche en champ clos de ses obsessions présidentielles. Ils ont décrété que tout ce qui n'était pas lui était complice de la droite. Résultat : la gauche est spectatrice, Macron est à l'Élysée, et Le Pen aux marches du palais. »

L'ancien patron de *Libé* et de *L'Obs* n'est pas plus tendre avec la gauche dans son ensemble : « Elle doit une bonne part de cet échec à son approche encombrée du problème de l'islamisme, que les attentats de l'Ascension ont encore mis en relief. Dans son discours, dans ses idées, dans sa presse, chez bon nombre de ses intellectuels, constater un problème à propos de l'islam c'était rejoindre l'extrême droite, c'était persécuter les musulmans. Le discours de cette gauche s'est réduit à une posture : “Circulez y’a rien à voir”, ni à Trappes ni ailleurs, et le résultat est là. Au lieu de gérer le réel avec son idéal, la gauche l’a offert sur un plateau à l’extrême droite, qui le traitera à sa façon. »

Pour conclure sa revue de presse, Claude Askolovitch, cite le politologue Stéphane Rozès, interrogé par le magazine *L'Express* : « De La France insoumise aux écologistes, la gauche s’est recroquevillée sur un débat qui ne parlait que des deux autres, Macron et Le Pen, non pas pour les combattre, mais pour s’en laver les mains. Plus on était de gauche et plus l’ardente obligation était de ne pas s’en mêler. Ne pas faire comme en 2002 et 2017. Se boucher le nez et aller à la pêche. La gauche qui luttait pour le pouvoir depuis un demi-siècle a regardé passer les trains. Dans le récit qu’elle a livré d’elle-même, elle s’est contentée, pardonnez-moi l’expression, du rôle du chef de gare. »

9 heures, palais de l’Élysée, Salon doré

Comme d’habitude, Emmanuel Macron travaille depuis l’aube. La lecture de la presse, l’écoute de la radio, et la télé allumée en permanence sur les chaînes tout-info le convainquent de ce qu’il sait déjà. Jamais un quinquennat n’a été plus chahuté, accusé de trop de verticalité, d’absence d’autorité, de dictature comme de mollesse. Il sourit en remuant la tête. Ironie suprême de l’Histoire, ce matin la messe est dite, et c’est à cause de l’islam… Il attend son directeur de cabinet, mais sa décision est prise. Puisqu’il subit les événements, il aura l’air de les gérer.

Alexis Kohler arrive et les deux hommes s'enferment. Le tête-à-tête est bref. Kohler soulève des objections, mais plutôt pour la forme. Quand faut y aller, faut y aller... La nomination de Marine Le Pen est un échec de dimension internationale pour le président de la République. La poignée de main sur le perron de l'Élysée, puis la photo du gouvernement dirigé par l'extrême droite feront le tour du monde, mais toute manœuvre dilatoire compromettrait l'avenir en collant au président une étiquette de tricheur... Après tout, dans le passé, la cohabitation a mieux réussi aux présidents qu'à leurs Premiers ministres.

— Appelle-la, dis-lui que je lui propose le poste, et qu'elle me rencontre au plus vite. Je sais qu'elle va venir, mais elle fera des manières. Elle aura des élégances. Elle posera des conditions. Réponds qu'on en parlera dans le respect de la Constitution. Mais prépare d'abord un communiqué de presse annonçant ma proposition, et envoie-le à l'AFP dès la seconde où elle donnera son accord pour me rencontrer. Pas question de se faire doubler, y compris par la bande. C'est moi qui nomme, pas elle qui se désigne.

9 h 31, « urgent AFP »

« Emmanuel Macron a proposé à Marine Le Pen de former le prochain gouvernement. Le président la recevra ce matin 21 juin, à 11 h 30. »

L'ATTENTE

Mardi 21 juin, 15 heures,
siège du Rassemblement national

Le barnum médiatique s'est déplacé de l'Élysée au 114 *bis* rue Michel-Ange, dans le XVIe arrondissement de Paris, où le Rassemblement national a déménagé à l'été 2021. Un immeuble moderne, pas très loin des studios des grandes chaînes de télé ou de radio, mais qui témoigne surtout des problèmes financiers rencontrés par le parti d'extrême droite. En quelques années, Marine Le Pen est passée des 5 000 mètres carrés du « Paquebot » de Saint-Cloud, vendu en 2011, aux 2 000 mètres carrés du « Carré » loué à Nanterre, puis aux 510 mètres carrés de ce siège qu'elle baptise, fidèle à la métaphore maritime, « La Capitainerie ».

À l'extérieur, ça grouille de reporters qui guettent les faits et gestes, mitraillent les allées et venues, et bruissent d'info à vérifier ou d'intox à éventer. À l'intérieur, les salariés et les militants croisent les futures Excellences. Il y a de l'orage dans l'air, les photocopieuses sont en folie, les recherches sur la bio des ministres potentiels se multiplient sur Google, afin de s'assurer qu'aucun d'eux ne traîne de casseroles trop sonores. À l'étage, on parle à voix basse en s'approchant du sanctuaire, le bureau de la patronne, désormais cheffe d'un gouvernement en construction. Elle est accoudée à sa table de verre, une bibliothèque dans le dos, genre Ikea, des stores, et un téléphone en furie.

L'équilibre d'un gouvernement ne dépend pas seulement de l'état des forces du moment, il raconte aussi, par ses tensions ou ses blocages, les rivalités à venir. Les discussions sont vives avec Nicolas Dupont-Aignan, qui ne se contente pas d'un ministère d'État mais exige au moins trois postes, elles sont serrées avec les transfuges de LR qui veulent avoir l'air d'une force et pas d'un contingent, elles sont glaciales, voire houleuses avec les quasi-dissidents plus ou moins regroupés autour de Marion Maréchal, qui reproche à sa tante d'avoir trop écouté les hauts fonctionnaires du think tank Les Horaces et d'avoir trahi tous les fondamentaux du mouvement : plus de Frexit, plus d'abandon de Schengen, plus de retour au franc, plus d'abolition de la loi sur le mariage pour tous, plus de rejet de l'islam, plus de ligne identitaire… L'aile droite reproche à Marine Le Pen d'avoir, comme l'avait dit Florian Philippot en 2017, « laissé tomber toute idée d'indépendance » et de « faire du Macron ».

De fait, Marine Le Pen a conquis le pouvoir en se *normalisant*. Elle est passée du statut de cheffe d'un mouvement de contestation à celui de dirigeante d'un parti de gouvernement, qui, comme l'a dit Jordan Bardella en février 2021, « prend en compte la réalité du monde ». Elle a bénéficié du dégagisme ambiant, de l'envie de tout casser, et « en même temps », de l'idée qu'elle pourrait ne rien casser. Comme dit le sondeur Brice Teinturier, directeur général d'Ipsos, cité par le journal *Le Monde*, « la marque Le Pen est tellement forte et installée qu'elle continue d'incarner l'alternative au système, tout en s'autorisant à être dans une forme moindre d'extrémisme, de conserver son socle et d'élargir son assiette électorale en polissant les angles qui lui portaient préjudice ».

Un passé enterré mais assez présent pour attirer un électorat furieux, et un programme raisonnable qui rassure un public embourgeoisé, l'équation était magique tant qu'elle tenait du verbe, mais elle devient complexe, voire insoluble, lorsqu'il s'agit de rassembler les contraires dans un même gouvernement. Or la Première ministre n'a pas le choix. Sa majorité relative est trop fragile, elle doit tenir les deux bouts, elle a besoin de sa frange gestionnaire et de son aile activiste, qui se détestent, l'une qui dit « va doucement », et l'autre qui répond « accélère », l'une qui alerte : « Attention au virage ! », et l'autre qui s'énerve : « Fonce dans le tas ! »

Avec son désormais secrétaire général Bruno Bilde, Marine Le Pen a appelé Marion, qui l'a remerciée poliment. Elle ne veut pas d'un « ministère des apparences », et elle estime qu'en acceptant la contrainte européenne, sa tante a renoncé à la réalité du pouvoir. Elle le lui explique sans colère, avec ce ton glacial qui correspond à son genre de beauté :

— Ne t'en fais pas, tu n'auras pas d'ennui avec moi, je serai loyale, je te soutiendrai à l'Assemblée. Mais à force d'être normale tu seras rattrapée. Tu vas devenir comme les autres, or les autres, tu connais leur destin. Les Français les ont virés…

Bruno Bilde a appelé Éric Zemmour, pour lui proposer un grand ministère de la Communication et des Médias – ce Zemmour qui donne des leçons d'orthodoxie à la droite, à longueur de chroniques, et qui accuse Marine Le Pen de virer socialiste. Il pourrait être tenté. C'est difficile, quoi qu'on en pense, de ne pas être ébloui par l'idée d'entrer dans un gouvernement, quand on aime montrer sa tête à la télé, tant d'autres auparavant ont juré de ne jamais accepter un ministère et n'ont pas résisté : Frédéric Mitterrand, Éric Dupont-Moretti, Roselyne Bachelot, Nicolas Hulot, la liste est infinie de ces jokers qui font le plus souvent trois petits tours et puis s'en vont. Mais Zemmour n'a pas voulu. Il a eu les mêmes mots que Marion Maréchal, on aurait dit qu'ils s'étaient concertés.

Alors la Première ministre s'est tournée vers Robert Ménard, qui a accepté, et Nicolas Bay qu'elle ne peut plus voir en peinture, mais qu'elle a auparavant bien aimé puis détesté, puis encensé puis éloigné. Nicolas Bay s'était senti pousser des ailes, il se voyait vizir et la calife s'en est méfiée. Nicolas Bay a exigé les Affaires européennes. Il les a obtenues. Une promesse d'« emmerdements sans fin », puisqu'il est proche de Marion, mais la patronne n'a pas eu le choix.

Marine Le Pen a aussi contacté Jean Messiha, adepte du « Grand Remplacement » cher à l'écrivain Renaud Camus, pourfendeur de l'islam qu'il déclare « incompatible avec la République », énarque en titre et « clown chez Hanouna ou sur CNews », raille-t-elle. Elle est persuadée qu'il est trop vaniteux pour refuser, et elle se trompe. Il refuse. Il restera député et racontera partout que la droite LR ne s'est pas ralliée à Marine, mais que Marine lui a cédé.

En fin d'après-midi, elle a réussi à récompenser ses partisans et ses chouchous, à caser assez de dissidents LR pour qu'ils « lui lâchent les baskets », à intégrer assez d'amis de Dupont-Aignan pour qu'ils « cessent de la gonfler », et une très proche de sa nièce : Hélène Laporte.

Bruno Bilde fait taper la liste au clair, et l'envoie au secrétaire général de l'Élysée, qui le rappelle dans la foulée :

— Nous acceptons l'essentiel de ces propositions, mais il faudra en parler avec le président, dans le détail, après la passation des pouvoirs.

19 h 15, « urgent AFP »

« Marine Le Pen a été nommée Première ministre par le président de la République Emmanuel Macron. Il l'a chargée de former le nouveau gouvernement. La passation des pouvoirs aura lieu demain à 11 heures à l'hôtel Matignon. »

20 heures, journal de France 2

Marine Le Pen est l'invitée exceptionnelle du journal d'Anne-Sophie Lapix. Premières paroles, premier faux pas. Elle précise d'emblée qu'elle a choisi le service public parce qu'elle est cheffe du gouvernement et que l'État doit avantager l'État. À la présentatrice qui lui demande ce qu'elle entend par là, et si elle se réfère à « la voix de la France » définie en son temps par Georges Pompidou, elle répond que les télévisions et les radios publiques sont libres et le resteront, mais qu'elles devront s'abstenir des dérives militantes qui les ont trop souvent dénaturées. Elle conclut son propos par une phrase ambiguë :

— Je vais vous faire une confidence : ce soir, j'étais invitée partout, et c'est à votre chaîne, une chaîne publique, que j'ai choisi de réserver ma première intervention depuis ma nomination. Je l'ai décidé par cohérence, et par simple correction. Comptez sur moi pour vous défendre, mais soyez corrects, aussi. Il faut en finir avec les partis pris. Le premier devoir du service public, c'est la neutralité. Je compte sur vous.

Cette phrase est reçue comme une menace. Elle va effacer la suite de son intervention. De son discours, on ne retiendra que ce « rappel à l'ordre ». Dans la foulée, sur les médias publics et privés, sur Internet, sur les réseaux sociaux, dans les partis politiques, auprès des grandes associations défendant les libertés publiques et les droits de l'homme, on doutera de ses engagements sur le respect des institutions, la hausse du pouvoir d'achat qu'elle espère engager en baissant les impôts et les charges, la lutte contre l'immigration clandestine, le respect de toutes les religions, islam compris, et on s'attardera sur le tract incendiaire de l'intersyndicale de France Télévisions et Radio France : « Audiovisuel public : vers la normalisation ? »

En une vie d'opposition, Marine Le Pen s'était habituée à flatter les colères. Un vrai plaisir qui chauffait les électeurs et le derrière de ses adversaires. Ce soir, elle comprend que l'incendie n'est pas éteint, mais que les rôles sont inversés. Ce n'est plus elle qui souffle sur les braises. Les braises, elle est assise dessus.

Mercredi 22 juin, 11 heures,
Hôtel Matignon

C'est une cérémonie classique. La foule de journalistes, la haie des collaborateurs du sortant, l'arrivée de l'entrant, sauf que rien n'est pareil. Pour la première fois depuis le retour de Charles de Gaulle et l'avènement de la Ve République, un Premier ministre se retire au bout de six semaines. Édith Cresson n'était pas restée longtemps, mais tout de même ! Il y a comme un vertige, et ce frisson parcourt la centaine de personnes présentes et les millions de téléspectateurs, au moment où la voiture de Marine Le Pen franchit le portail de Matignon. La voilà, l'allégorie du diable en France, le fantôme des années noires, le repoussoir officiel – mais aussi la bonne affaire de Chirac en 2002, puis de tous les candidats pariant sur un second tour gagné d'avance contre elle en 2017, et l'obsession de 2022… Elle arrive dans sa blondeur banale, crispée derrière un sourire automatique. La voilà, « l'extrême droite », comme le disent ses ennemis – elle a passé son temps à contester cette étiquette, tout en affichant son amitié pour Donald Trump, pour les néonazis autrichiens, pour le néofasciste italien Matteo Salvini. La France a succombé. Le vin n'est pas tiré qu'il faut déjà le boire. L'envie de tout casser a gagné ! La rage de rejeter les étrangers a brisé le barrage. Elle a gagné, la nostalgie du cocon originel, de la France des Gaulois, de Clovis, des clochers, des cathédrales ! Elle triomphe mais elle fait peur à l'instant où elle s'installe dans la pompe du pouvoir.

Bernard Cazeneuve attend en haut des marches, au bout du tapis rouge qu'elle emprunte à pas comptés, en saluant. Ils se serrent la main sans effusion, sous la mitraille des photographes. Deux micros ont été placés, comme d'habitude, pour les discours de sortie et d'inauguration. Bernard Cazeneuve paraît déjà pressé d'en finir. Il déplie une feuille de papier et lit son message d'accueil et d'au revoir, qui va jeter un froid :

— Madame la Première ministre, je mentirais si je disais que cette cérémonie est le meilleur moment de ma vie. Non pas que je sois chagriné par mon départ, il était programmé, mais si j'ai accepté cette fonction intérimaire, c'est précisément pour éviter ce que nous vivons aujourd'hui. Le Front républicain que j'ai dirigé pendant ces quelques semaines avait un objectif essentiel : éviter la victoire de votre parti. Un morceau de la droite classique a malheureusement décidé de vous l'offrir, en échange, je l'imagine, de quelques ministères. C'est un échec pour nous, c'est une blessure pour moi. Vous ayant dit cela, il me reste à souhaiter bonne chance à la France, donc bonne chance à votre personne, puisque vous allez nous gouverner. Un jour viendra, tôt ou tard, où vous serez dans ma position. Vous serez celle qui s'en va. J'espère que vous en avez conscience. En démocratie, le pouvoir n'appartient à personne, contrairement à ce qu'a pu penser un président américain que vous avez soutenu jusque dans ses errances. Puissiez-vous respecter nos institutions et ne jamais vous inspirer de lui.

Marine Le Pen a souri tout au long de ce discours, comme s'il s'agissait d'une blague. Elle répond sur un ton enjoué :

— Monsieur le Premier ministre, je vous remercie de votre sollicitude et de vos conseils. J'ai perçu une inquiétude dans vos propos. Je vais vous rassurer, ou vous décevoir, je ne sais plus. Si je suis ici, ce n'est pas à la suite d'un *pronunciamiento*, comme aurait dit le général de Gaulle, mais au nom d'une majorité issue des élections, et en vertu d'une nomination paraphée par le président de la République. Je n'ignore pas que la démocratie est ponctuée par des alternances, mais si vous le permettez, avant d'envisager la fin de celle qui débute, je vais m'attacher à l'inaugurer de mon mieux.

Ils se serrent de nouveau la main. Il emprunte le tapis rouge puis le pavé de la cour, franchit le portail et monte dans une voiture banalisée qui l'attend à la sortie. Elle salue une fois encore, pénètre dans le hall, entourée de sa garde rapprochée, et gagne son bureau. Bernard Cazeneuve lui a laissé un message.

Après-midi

Le ballet des ministrables commence dans la foulée. Dès midi, Laurent Wauquiez arrive, entouré par un essaim de photographes et de preneurs d'images qui lui demandent s'il sait déjà quel ministère il occupera. Il les dévisage du haut de son mètre quatre-vingt-onze, et fend cette petite foule sans une parole. Lui, si soucieux de communication, n'aime pas les journalistes et s'en méfie.

Thierry Mariani lui succède quelques minutes plus tard, plus avenant. Il prétend ne rien savoir de son avenir immédiat, et lance aux journalistes :

— Je ne serai pas dépaysé auprès de Laurent Wauquiez ou d'Éric Ciotti. Je crois que dans une vie pas si lointaine nous avons milité dans les mêmes rangs.

Il se retourne et aperçoit Nicolas Dupont-Aignan qui pénètre dans la cour :

— Encore une vieille connaissance ! Avec Nicolas, on était au RPR ! Vous voyez : les journalistes se font peur, et inquiètent le pays avec le futur gouvernement, mais si nous y participons, ce qui n'est pas exclu, nous serons seulement le changement dans la continuité de la droite, et dans son affirmation. Rien de plus et rien de moins !

Steeve Briois, ce fils de mineur qui a adhéré au Front dès 1988 mais qui cite Jean Jaurès et quadrille sa ville d'Hénin-Beaumont sur le modèle du communisme municipal d'antan, se présente un peu plus tard et pénètre sans un mot dans le palais.

Les services de communication font savoir que les quatre hommes déjeuneront avec Marine Le Pen, et ils distribuent des sandwiches aux journalistes.

À partir de 14 heures, le défilé reprend : David Rachline, le maire de Fréjus, Louis Aliot, l'ancien compagnon devenu maire de Perpignan, et enfin une femme, vers 15 heures : elle est d'origine algérienne, elle s'appelle Lydia Guirous, c'est une ancienne de l'UDI qui a rejoint Les Républicains après le massacre de *Charlie*, connue pour ses propos à l'emporte-pièce et sa détestation du communautarisme et du voile islamique.

Sur les télés d'information en continu, les chroniqueurs essaient de tirer les premiers enseignements du défilé : Jérôme Rivière, également passé par l'UMP dans les Alpes-Maritimes, et qui s'est retrouvé chez de Villiers après un conflit électoral avec Éric Ciotti, puis est allé au Front national avant de devenir l'un des hommes de confiance de Marine Le Pen ; Nadine Morano, qu'on ne présente pas ; Jean-Lin Lacapelle, ancien du Gud, le Groupe union défense, d'extrême droite ; Nicolas Bay, dont l'appétit a tellement inquiété la patronne ; David Lisnard, le maire LR de Cannes, qui crée la sensation car on ne l'attendait pas dans cet aréopage ; Julien Sanchez, le maire RN de Beaucaire…

Le soir les informations sont confuses et le climat nerveux. L'annonce de la composition du gouvernement est plusieurs fois reportée. Peu avant 20 heures, un communiqué avance que les consultations reprendront le lendemain. L'AFP précise dans la soirée que, « de sources concordantes, des problèmes de dosages entre formations politiques, ainsi que des rivalités de personnes portant notamment sur le faible nombre de femmes figurant au gouvernement retardent la constitution de la liste ».

Jeudi 23 juin

L'annonce doit avoir lieu en fin de matinée. On voit passer Gerbert Rambaud, vice-président de Debout la France, avocat lyonnais spécialisé en droit social ; Guillaume Peltier, de LR ; André Rougé, autre ancien du RPR, créateur en 2015 du think tank Les Horaces, conseiller de Marine Le Pen pour l'outre-mer ; Jean-François Jalkh, qui a fait, si l'on ose dire, toutes les guerres du Front national depuis 1974 ; Laurence Trochu, membre de LR et présidente du mouvement conservateur Sens commun, très en pointe contre le mariage homosexuel et la PMA…

Ça tarde un peu. L'énervement gagne la presse et le plateau des éditions spéciales, puis l'image de plusieurs techniciens installant un micro en haut des marches de l'Élysée fait monter la tension. La caravane des journalistes passe de la rue de Varenne au faubourg Saint-Honoré.

PREMIER GOUVERNEMENT LE PEN

Le secrétaire général de l'Élysée, chemise blanche, costume gris-bleu, cravate bleue, s'avance vers le micro. L'un des journalistes lance à voix haute, en faisant mine de le souffler à l'oreille de son confrère :

— Il a le blues !

Tout le monde rit, Alexis Kohler aussi. Puis il commence à lire les noms des membres du gouvernement Le Pen.

— Mesdames et messieurs, bonjour. Sur proposition de la Première ministre, le président de la République a nommé :

– ministre de l'Économie, ministre d'État : M. Steeve Briois ;

– ministre de l'Éducation nationale, ministre d'État : M. Laurent Wauquiez ;

– ministre de l'Intérieur et de la Sécurité, ministre d'État : M. Thierry Mariani ;

– ministre de la Fonction publique, ministre d'État : M. Nicolas Dupont-Aignan ;

– ministre des Affaires étrangères : M. Éric Ciotti ;

– ministre de la Défense et des Armées : M. Jérôme Rivière ;

– ministre de la Justice, Garde des sceaux : M. Jean-Paul Garraud ;

– ministre de la Santé : Mme Catherine Griset ;

– ministre de l'Agriculture : M. Julien Aubert ;

– ministre des Relations avec le Parlement : M. Louis Aliot ;

– ministre de l'Immigration, auprès du ministre de l'Intérieur : Mme Lydia Guirous ;

– ministre des Comptes publics, auprès du ministre de l'Économie : M. David Rachline ;

– ministre du Commerce extérieur et de l'Industrie, auprès du ministre de l'Économie : M. Jean-Lin Lacapelle ;

– ministre de la Culture et des Spectacles : M. Paul-Marie Coûteaux ;

– ministre des Médias et de la Communication : M. Robert Ménard ;

– ministre des Universités : M. Guillaume Larrivé ;

– ministre des Affaires européennes : M. Nicolas Bay ;

– ministre des Affaires sociales : M. Fabien Engelmann ;

– ministre de l'Environnement : M. Hervé Juvin ;

– ministre des Collectivités locales : M. David Lisnard ;

– ministre de la Famille : Mme Laurence Trochu ;

– ministre de l'Égalité hommes-femmes : Mme Dominique Bilde ;

– ministre du Logement : M. Gerbert Rambaud ;

– ministre des Transports : Mme Nadine Morano ;

– ministre de la Jeunesse et des Sports : M. Julien Sanchez ;

– ministre de la Mer : M. Guillaume Peltier ;

– ministre des Petites et Moyennes Entreprises : Mme Hélène Laporte ;

– secrétaire d'État au Tourisme, auprès du ministre de l'Économie : Mme Brigitte Kuster ;

– secrétaire d'État aux Français de l'étranger, auprès du ministre des Affaires étrangères : M. Geoffroy Didier ;

– secrétaire d'État auprès de la Première ministre, porte-parole du gouvernement : M. Sébastien Chenu ;

– secrétaire d'État à la Transition numérique, auprès du ministre de l'Économie : M. Bernard Carayon ;

– secrétaire d'État au Développement économique local et à la Ruralité, auprès du ministre de l'Agriculture : Mme France Jamet ;

– secrétaire d'État aux Retraites, à la Santé, à l'Autonomie, auprès de la ministre de la Santé : Mme Maxette Pirbakas-Grisoni ;

– secrétaire d'État aux Anciens Combattants, auprès du ministre de la Défense et des Armées : M. Jean-François Jalkh ;

– secrétaire d'État à l'Enfance et à la Famille, auprès du ministre des Affaires sociales : Mme Mathilde Androuët ;

– secrétaire d'État aux Quartiers en reconquête, auprès du ministre de l'Intérieur : M. Ludovic Pajot ;

– secrétaire d'État à la Défense, auprès du ministre de la Défense : M. José Évrard.

La presse fait ses comptes et constate un déséquilibre : le nouveau gouvernement compte vingt-sept hommes et onze femmes. Liberation.fr se moque au deuxième degré : « Marine se tourne vers Le Mec. » LeFigaro.fr fait du *Libé* : « 1 = 3, la parité selon Marine Le Pen. » LeParisien.fr parle sobrement de « féminisme à rebours ». À l'évidence, le Front national, même transformé en Rassemblement, transpire la testostérone. Pour les élections européennes, contrainte par la loi, Marine Le Pen avait peiné à trouver des candidates, et les promues, aujourd'hui devenues députées européennes, et ministres pour certaines, étaient le plus souvent d'anciennes assistantes, attachées de presse, membres du cabinet. « Ce gouvernement, commente *L'Obs*, est un club d'hommes dirigé par une héritière à son papa... »

Dans une conférence de presse tenue l'après-midi, Marine Le Pen répond que sa présence « à un poste qui n'est pas secondaire » remet les choses à leur place, et répète ce qu'elle avait dit au président de la République, dans le secret de son bureau :

— Je laisse à la gauche intersectionnelle les décomptes de femmes, d'origines ethniques, de couleurs, de préférences sexuelles, et je ne tiens compte que d'un critère : la compétence. La compétence universelle.

Au-delà du déséquilibre hommes-femmes, c'est sans doute Françoise Fressoz qui, dans *Le Monde*, pointe avec la plus grande acuité la dimension politique et historique de ce gouvernement. Dans une analyse intitulée « Le sacre des mutants », elle fait ses comptes :

« Marine Le Pen a fait appel à vingt-trois membres du Rassemblement national, à onze personnalités issues des Républicains et trois membres de Debout la France. Cela représente un équilibre assez classique à première vue, mais sur les vingt-trois ministres du Rassemblement national, neuf sont des mutants. Quatre d'entre eux viennent en effet de l'ancienne UMP : Thierry Mariani, Jérôme Rivière, Jean-Paul

Garraud, Sébastien Chenu. Et cinq autres arrivent de la gauche : Robert Ménard, ancienne conscience des journalistes, Fabien Engelmann, venu de la CGT, Hervé Juvin, qui fut proche de Corinne Lepage, Paul-Marie Coûteaux, passé par Jean-Pierre Chevènement, et José Évrard, ancien membre du PC devenu Front national en 2013.

Ce premier gouvernement Le Pen est donc composé de quatorze historiques de l'extrême droite, de onze ralliés de la droite classique, de quatre anciens du RPR, et de cinq personnalités issues de la gauche.

Presque deux tiers de mutants ou de ralliés.

Si l'on cherchait l'incarnation de la "lepénisation des esprits", nous l'avons en photo.

La composition de ce gouvernement raconte à elle seule quarante années de glissements furtifs dans l'Histoire politique de la France. Le charme discret de l'extrême droite. Le fameux front républicain était poreux depuis des lustres. »

UN ÉTAT DE GRÂCE EN CREUX

Jusqu'à la nuit du 13 au 14 juillet, Marine Le Pen a vécu une espèce d'état de grâce, l'un de ces moments pendant lesquels, selon le mot de François Mitterrand en 1981, un élu arrivé au pouvoir après une longue attente échappe aux lois de la pesanteur.

Ce bonheur ne dure jamais longtemps, et ce sera plus bref encore pour la nouvelle Première ministre : Mitterrand ouvrait une époque, Marine Le Pen en referme une autre. Le premier voulait « changer la vie », ce qui est un vaste chantier ; la seconde a vocation d'en finir avec ses successeurs présumés, et c'est fait depuis sa nomination.

Pour le reste, la patronne du Rassemblement s'est présentée avec un effaceur plutôt qu'avec un projet. Elle a gommé le rejet de l'islam, désormais « compatible avec la République », ce qui a pu choquer ses militants les plus ultras, rayé la sortie de l'Europe, abandonné l'idée d'en revenir au franc depuis que Gilbert Collard, alors bien en cour, lui a expliqué que l'euro était devenu « un habitus » et que « l'enlever aux Français c'était comme leur demander de partir de chez eux »…

Malgré la colère de sa nièce et les avertissements de quelques autres, elle a souligné ce qu'elle ne ferait pas, plutôt que ce qu'elle accomplirait. Pendant deux semaines, elle s'est reposée sur ses lauriers, en tenant la promesse de ce programme en creux. Elle a fait patte de velours, au réconfort des électeurs inquiets. On la disait fasciste et voilà qu'elle souriait aux lecteurs de *Paris Match* en caressant ses chats, familière, détendue, bonne fille sans tralala, telle qu'elle est en privé quand elle ne se sent ni observée ni attaquée. Elle s'est glissée dans les institutions sans les brutaliser, n'a pas eu un mot plus haut que l'autre envers le président de la République, n'a engagé aucune chasse aux sorcières dans les médias ni la fonction publique, en dépit de ses premières déclarations. Ses discours et son attitude se résument à une formule : « Je ne suis pas le diable. » Les Français l'ont bien aimée, non pas pour son action, mais pour son inertie. Forcément, ça ne pouvait durer que le temps d'un soupir (de soulagement).

Vendredi 24 juin

Le premier Conseil des ministres se déroule en apesanteur. Emmanuel Macron mériterait le surnom donné à Björn Borg, le génie tennistique des années 1970 : « Iceborg. » C'est un étrange animal, chaleureux dans l'attitude, tactile, qui vous tape sur l'épaule, et *en même temps* glacé dans ce qu'il dégage, ou qu'il éprouve. Impossible de savoir s'il est chaud ou froid, allant ou abattu, optimiste ou déprimé, il avance, sourit, échange, mais n'émet pas. Les nouveaux ministres, émerveillés d'être là, dans le salon Murat, le guettent pour discerner ses sentiments d'homme assiégé, mais en vain. Ils ne sentent que distance et courtoisie.

De son côté, Marine Le Pen s'applique à observer le protocole et à jauger les siens. Ses yeux se sont discrètement attardés sur le ministre de l'Intérieur, Thierry Mariani, qui observe ses collègues avec un drôle de sourire, une crispation de la bouche. La veille, deux proches de Louis Aliot, qui fait figure de patron du groupe parlementaire, sont venus la mettre en garde :

— Méfie-toi de Mariani. C'est un ambitieux. Il ne se contentera pas d'un second rôle. Il attend son heure depuis trop longtemps pour se tenir tranquille au ministère de l'Intérieur.

Elle n'a pas écouté, mais maintenant elle y repense. Mariani, elle l'aime beaucoup. C'est l'un de ses chouchous montants, lui et son ami Garraud, à qui elle a offert la Justice. L'un à la Police, l'autre à la Justice, n'a-t-elle pas pris un risque ? Elle s'interroge, d'autant que Macron lui a fait la même remarque, et qu'un de ses proches, un député en vue, lui a confié qu'il l'avait « cuisiné » en ces termes :

— Thierry, tu peux me parler librement, puisqu'on est entre putes… Tu veux te placer, n'est-ce pas, et moi aussi, à tout prix. Tu vas devenir ministre de l'Intérieur, c'est bien, mais franchement, tu vois plus grand, tu calcules la suite, non ?

Mariani, paraît-il, s'était mis à rire :

— Ouais ! Tope là !

Il aurait fait le geste du *high five.*

Elle y songe en le voyant parcourir d'un regard circulaire la table du Conseil, comme un propriétaire. Mais bon… Il était si déçu de n'avoir pas les Affaires étrangères, il fallait bien lui donner des gages.

— Madame la Première ministre, vous avez la parole.

La voix d'Emmanuel Macron la tire de sa rêverie. Elle bredouille quelques paroles de circonstance, en riant comme d'habitude, pour se donner une contenance, et le Conseil s'achève. Les journaux de 20 heures en feront un compte rendu aimable, avec de belles images de respect républicain sur les marches du palais. Les Français seront contents et se diront que Marine Le Pen n'est pas l'ogre qu'on annonçait.

Mardi 28 juin

La lune de miel s'est prolongée avec la rentrée parlementaire, ses chichis, ses tambours, sa Garde républicaine, et l'élection au perchoir de Jordan Bardella, plus jeune président de l'Assemblée nationale, même pas vingt-sept ans quand il s'installe dans le superbe hôtel de Lassay. Un coup de jeune qui laisse baba la presse people et les médias de référence. Le précédent record était détenu par Laurent Fabius, élu au perchoir le 23 juin 1988 à l'âge de quarante et un ans et dix mois. Bardella a le vertige et commence à croire en son destin, lui qui s'appliquait jusqu'à présent à n'exceller que dans le rôle de grand intendant de la reine mère. Autour de Marine Le Pen, quelques proches s'en sont d'ailleurs émus. C'est fou ce que les uns s'inquiètent des autres, en cette période de promotion…

Sur ce coup, Marine Le Pen s'est bouché les oreilles. C'est sa méthode. Elle n'entend que ce qu'elle veut bien, ce qui la rend imprévisible. Avec elle, les courtisans sont déstabilisés. Ils ne savent plus s'il faut danser *Le Lac des cygnes* ou le tango argentin. Ses oreilles s'ouvrent et se ferment sans que l'on comprenne vraiment pourquoi, ses coups de cœur sont des giboulées, elle est capable, du jour au lendemain, sans prévenir son dernier favori, de le changer en souris. Nicolas Bay peut en témoigner, il est passé à la trappe, et Bruno Bilde en sens inverse. Lui, c'est le puissant du moment, ce qui ne garantit pas l'avenir.

Les groupes se sont constitués. L'événement, c'est la scission des Républicains, d'un côté le parti originel composé de quatre-vingt-seize députés, de l'autre quatre-vingt-dix dissidents rassemblés sous le nom de La Droite unie, et présidés par Sébastien Huyghe. Comme l'avait annoncé Christian Jacob, qui observe mais ne dit rien, la direction des Républicains n'a pris aucune sanction, ce qui fait ricaner la presse de gauche.

Mercredi 29 juin

Les problèmes vont commencer par le discours de politique générale prononcé devant l'Assemblée. On peut endormir le grand public dans les douceurs du consensus, la berceuse ne suffit pas, à l'Assemblée nationale. Proclamer « je ne suis pas celle que vous croyez » n'est pas un programme d'action. Les élus les plus marqués à droite exigent que la Première ministre en finisse avec « la bien-pensance de gauche » et engage

« la politique pour laquelle elle est devenue majoritaire ».

Marine Le Pen monte à la tribune une épée dans les reins. Elle doit donner des gages à ses ultras, comme François Hollande l'a fait en février 2012, quand il a promis, contre ses convictions, une taxe à 75 % sur les plus hauts revenus.

Ayant enfilé sa tenue de combat, elle est un peu tendue quand elle prend la parole, à la tribune, au-dessus du bas-relief sculpté par François-Frédéric Lemot en 1798. Elle dit son émotion, lit un peu mécaniquement les premières lignes de son discours, puis trouve ses marques au deuxième feuillet, monte en régime au troisième, et se met à cogner comme on le fait en meeting dans les salles surchauffées. Elle annonce que le temps presse. L'Assemblée siégera en session extraordinaire pendant tout le mois de juillet. Le gouvernement prendra des ordonnances afin d'accélérer l'adoption des mesures les plus urgentes.

Elle ne revient pas sur l'euro ni sur l'appartenance à l'Union européenne (chose promise, chose due), mais elle pose des conditions qui équivalent à une rupture. Elle souligne « l'extraordinaire déperdition de forces et d'argent du fatras européen » (applaudissements), réclame « la renégociation des traités qui livrent notre économie aux prédateurs apatrides » (acclamations), exige que la Banque centrale européenne ne soit plus « un organisme aux ordres des puissances financières mondialisées mais un instrument au service des États souverains » (l'aile droite de l'hémicycle se lève comme un seul homme et crie bravo). Sur Schengen, elle ne revendique pas le retour aux frontières nationales, mais annonce que les services français des douanes reprendront du service pour des contrôles systématiques tant que les limites de l'espace européen ne seront pas protégées.

Sur le plan intérieur, le tempo est plus grave et plus technique. La Première ministre veut engager le renforcement du pouvoir d'achat grâce à la baisse des cotisations sociales, et par la réduction des charges pour les entreprises jouant le jeu de la préférence nationale. Dans ce but, elle créera la RNE (responsabilité nationale de l'entreprise). La tension remonte quand elle aborde les questions de laïcité, l'interdiction du burkini, l'obligation des prêches en français dans les mosquées.

Au fil des phrases qui grimpent vers son exorde, elle martèle la promesse d'un « retour à l'ordre, à la loi, au droit, dans les territoires perdus de la République ». Son propos rappelle les envolées traditionnelles de la droite façon Buisson-Sarkozy, mais en plus incandescentes. Une emphase qui démode le Kärcher. La dernière chance avant la guerre civile, dit-elle :

« Le temps des bandes est révolu. Ceux qui terrorisent les quartiers en quadrillant les rues et les immeubles doivent savoir que leurs trafics ne seront plus tolérés. La police, la gendarmerie, les services publics, les services sociaux, les médecins, les services de secours, les commerces de proximité reviendront dans les cités. Halal, casher, viande de porc ou d'agneau, charcuterie ou nourriture végan, tout sera possible au coin de la rue, car les rues de nos quartiers sont les rues de la France, de la France éternelle et laïque ! Rien ne sera détourné, empêché, déboulonné par des missionnaires autoproclamés. Les femmes se vêtiront comme elles l'entendent, c'est-à-dire comme des femmes et pas comme des fantômes, aucun bar ne leur sera interdit. Assez d'antisémitisme, de caillassages, de rodéos, de trafiquants de drogue fouillant les voitures particulières pour empêcher la concurrence, assez de véhicules incendiés la nuit du Nouvel An ou le soir du 14 Juillet. Je déclare ouverte la reconquête de la France par la France. Ce retour à l'ordre, nous le mènerons à bien, s'il le faut par la force, sans nous égarer dans l'écriture de nouvelles lois. Notre arsenal législatif est suffisant. Nos lois se sont usées parce qu'on ne s'en est pas servi. Ce qui manquait à leur application n'était pas un article de plus, mais une main ferme, et cette main, la voilà, c'est la mienne, elle est ouverte mais elle ne tremble pas. Les braves gens seront protégés et soutenus, quels que soient leur statut, leur origine, leur religion, mais pour les délinquants ou les ennemis de la France, l'autorité publique s'appliquera sans faiblesse ! »

À cette conclusion, la moitié du groupe Les Républicains se lève avec ceux de l'extrême droite et ils entonnent *La Marseillaise*, sous les protestations de la gauche. La voix de Jean-Luc Mélenchon tonitrue. Il s'adresse au président Bardella :

— Faites-les taire ! *La Marseillaise* ne leur appartient pas ! C'est l'hymne national et pas celui d'une faction. Vous n'êtes pas la France ! La France, c'est nous !

L'opposition, encore assommée par son échec, et travaillée par le remords, parle de provocation. Raphaël Glucksmann s'emporte : « Vous avez prononcé un discours de guerre civile, madame, et vous le paierez devant l'Histoire. Ne croyez pas qu'on puisse déclarer la guerre sans la subir soi-même, vingt siècles nous l'enseignent. » Alexis Corbière dénonce « un discours de petite frappe », Yannick Jadot « un discours ampoulé mais sans contenu ». À droite, Christian Jacob, tout en sobriété coincée, constate « une prise de risque », alors que Bruno Retailleau y discerne « le retour de la France ».

Une motion de censure est déposée, signée par La France insoumise, le PC, le PS, les écologistes, La République en marche et le Modem. La motion obtient cent quatre-vingt-dix-sept voix, elle est repoussée par deux cent quatre-vingt-quatre voix. Quatre-vingt-dix parlementaires LR ont choisi l'abstention.

À l'extérieur de l'Hémicycle, le président du Sénat, Gérard Larcher, déplore « des propos qui jettent de l'huile sur le feu », tandis que Marion Maréchal se démarque : « J'attends les actes », suivie par Atlantico : « Aux actes, citoyenne ! » Le reste des médias balance entre hostilité et scepticisme : « Extrême droite, droite ! », s'exclame *Libération*, martial. « Les fachos sont dans la ville », dénonce *Marianne*. « Vous avez dit dédiabolisation ? », s'interroge *Le Monde*. « Marine de guerre », s'amuse *Le Parisien*. « Pas de quartiers ! », prévient *Ouest-France*.

Du jeudi 30 juin au mardi 12 juillet

En application de l'article 29, alinéa premier, de la Constitution, le gouvernement demande l'ouverture d'une session extraordinaire, que le président accepte. Il n'a pas le choix. Il se souvient de la phrase prononcée par François Mitterrand en 1986, au début de la cohabitation avec Jacques Chirac : « Je suis comme un notaire. Je signe. » Pour se donner du courage, il pense à la fin de l'histoire : deux ans plus tard, Mitterrand sera réélu et Chirac, qui songeait à « lui couper le courant », a été humilié.

Une série de mesures est adoptée au pas de charge, dans la fureur. La hausse du salaire par la baisse des cotisations est dénoncée comme la remise en cause, à terme, de la Sécurité sociale, de l'assurance chômage ou de la retraite par répartition. La création de la RNE, qui réduit les charges des entreprises travaillant sur leur bassin local, est accusée de handicaper certains secteurs de l'économie. Le BTP ou le secteur agricole protestent. Sans les salariés venus d'Europe de l'Est, ou les saisonniers du Maghreb, la cueillette serait compromise et les vendanges impossibles…

La polémique est d'autant plus embarrassante que le bâtiment ou le secteur agricole votent beaucoup pour le Rassemblement national. Sur France Inter, à 17 heures, Charline Vanhoenacker enfonce le clou. Elle interroge un Alex Vizorek déguisé en Fernand Reynaud, l'air idiot, un béret sur le crâne. Il cherche une boulangerie sans la trouver. La veille, l'étranger du village a été expulsé car « il mangeait le pain des Français ». Comme dans le sketch des années 1960, « il était boulanger »…

Les mesures sont pourtant adoptées, les unes après les autres. Mélenchon se plaint de ne pas pouvoir prendre de vacances, comme en 2017, et fait sourire. L'Assemblée vote l'interdiction du voile dans les lieux publics, du burkini sur les plages et dans les piscines, mais le Conseil constitutionnel censure ces textes. La nouvelle majorité crée aussi une commission d'enquête sur l'immigration et la question des réfugiés. Le rapporteur, Lionnel Luca, sera chargé d'établir un plan d'immigration zéro qui sera soumis au référendum dès le printemps. Le Sénat retoque presque tous les textes, qui reviennent en deuxième lecture et sont adoptés. Le pays semble indifférent. Il somnole dans la douceur estivale.

La presse ignore qu'Emmanuel Macron a convoqué Marine Le Pen en secret, pour un entretien musclé, deux jours après son discours de politique générale :

— Madame la Première ministre, le 19 juillet vous participerez à votre premier sommet européen, et les propos que vous avez tenus placent la France dans une position fâcheuse. Je serais désolé de devoir les rectifier publiquement. Je vous invite donc, au plus vite, à les nuancer vous-même. Je vous rappelle que la parole de la France est engagée, et que, selon la Constitution, le président est le garant de l'indépendance nationale, de l'intégrité du territoire et du respect des traités.

— Il n'est écrit nulle part que porter la voix de la France consiste à être aphone.

— Madame la Première ministre, l'élection présidentielle a eu lieu, les Français ont tranché, et si je suis bien informé, la voix de la France ce n'est pas vous.

Marine Le Pen lève alors le menton et fixe son interlocuteur :

— Entendu. Je nuancerai le 14 juillet, une grande chaîne de télévision m'a invitée dans son journal de 13 heures.

Emmanuel Macron reçoit l'affront sans émotion apparente.

— Le 14 juillet, dites-vous ?

— Le 14 juillet…

— Au moment où moi-même je m'adresserai au pays ?

— C'est une coïncidence…

— Je crains, madame, que vous n'ayez pas pris la mesure de votre éminente fonction. Nous sommes au gouvernement de la France, pas au théâtre du Châtelet. Donc vous attendrez le 15, si le cœur vous en dit. Et d'ailleurs… d'ailleurs, d'ici là…

— D'ailleurs ?

— D'ailleurs je crains que le 14 vous ne soyez absorbée par d'autres priorités…

— Plaît-il ?

— Demandez à M. Mariani, votre ministre de l'Intérieur. Il ne vous a pas rapporté que vos propos sur les quartiers ont semé la colère ?

UN ÉTÉ INCANDESCENT

Mercredi 13 juillet au soir

La France a rendez-vous avec la vie. En 2020 et en 2021, les feux d'artifice et les bals ont été supprimés pour éviter les clusters. Belle occasion pour le nouveau gouvernement, qui ne cesse d'évoquer les traditions, de célébrer une fête nationale qui se réclame de la Révolution, mais évoque aussi la France de Jean Gabin, pas celle de Reda Kateb. À la place d'un grand concert au pied de la tour Eiffel avec des artistes qui lui sont réputés hostiles, le nouveau pouvoir a décidé d'encourager les rassemblements festifs sur tout le territoire, jusque dans le plus petit village. Il a aidé financièrement les collectivités à organiser de grands dîners-barbecues, installés sur des tréteaux, au cœur des places publiques, avec toutes les musiques du monde, accordéon compris. « Sortez de vos maisons, retrouvez-vous, rencontrez-vous », a lancé le ministre de la Culture, l'intello Paul-Marie Coûteaux, aussi à l'aise dans son rôle de Jack Lang populo qu'un pingouin à l'opéra Bastille.

Les télévisions diffusent l'image de ce joyeux retour à « la terre qui ne ment pas », et Marine Le Pen a choisi la ville de Laval pour partager avec les habitants un moment qu'elle veut sans paillettes et sans chichi. Pour éviter une confrontation qui casserait la bonne ambiance, elle a aussi accepté de reporter son interview du 14 juillet, et compte sur l'effet d'image pour gagner la première manche dans sa confrontation avec le président de la République. À lui les studios guindés, aux côtés des stars des journaux de 20 heures, à elle le terroir bon enfant de la vraie France…

Elle n'est pas inquiète. Thierry Mariani l'a assuré qu'il avait mobilisé les forces nécessaires autour des quartiers sensibles, dont certains meneurs ont promis, sur Internet, de relever le défi qu'elle a lancé dans son discours à l'Assemblée. Les repas se déroulent dans une atmosphère joyeuse, puis les bals, puis les feux d'artifice. C'est à ce moment, pendant que les fusées illuminent le ciel de France dans les détonations des ballets pyrotechniques, qu'un autre incendie se propage un peu partout, de Bourg-en-Bresse à Saint-Quentin, de Vallauris au Teil, de Charleville à Troyes, des quartiers nord de Marseille à Port-de-Bouc, de Caen à Dijon, de Montbéliard à Besançon, de Beaucaire à Tours, de Strasbourg à Lille, de Forbach à Dammarie-les-Lys. D'autres feux embrasent les rues. Des centaines de voitures, et pas que des Mercedes, se mettent à flamber. Tout ce qui tombe sous la main de mutins surgis des cités devient une arme de guérilla. Un peu d'alcool, des chiffons enflammés, des réservoirs d'essence dans lesquels on glisse une allumette, des explosions parfois, puis l'odeur vomitive des pneus qui brûlent et du caoutchouc qui fond, les fenêtres qui s'ouvrent, les habitants qui alertent, les pompiers qui arrivent et qui sont caillassés. Un autre feu d'artifice, au ras du bitume, répond à celui qui embrase le ciel au moment du bouquet final, une apothéose qui donne corps à la formule de la Première ministre : « La reconquête de la France par la France. »

Jeudi 14 juillet

Le pays s'est endormi sur la paisible image des campagnes populaires et des feux d'artifice, il se réveille dans un décor de voitures carbonisées, de motos désossées, de vitrines de magasins fracturées et pillées. Dans la nuit, Marine Le Pen a appelé son ministre de l'Intérieur :

— Mais que foutent tes forces de l'ordre ?

— Elles sont débordées, madame.

— Envoie des renforts, bordel !

— C'est fait depuis longtemps. Mais le temps d'éteindre un incendie, ils en allument un autre.

— Il faut arrêter ça, tout de suite !

— Ça s'arrête depuis une demi-heure, mais pas grâce à nous. Apparemment, les pyromanes ont sommeil.

— Fais-les coffrer avant qu'ils recommencent.

— On va attendre demain matin, sauf si tu veux les rallumer…

Elle raccroche, furieuse comme une enfant. Pour un peu, elle taperait du pied. *Ils le paieront*, songe-t-elle pour se rassurer. Elle n'avait pas envie de cela. Elle rêvait de réconciliation. Elle comprend qu'en politique, quand on est au pouvoir, les mots sont des obus, pas des figures de style.

13 heures, sur toutes les télévisions

Dans son intervention, juste après le défilé des Champs-Élysées, le président lance un appel au calme. Il condamne les débordements, regrette que le ministère de l'Intérieur ne les ait pas anticipés, n'écarte aucune hypothèse, mais invite le gouvernement à engager le dialogue plutôt que la surenchère.

La police procède à des dizaines d'arrestations. En comparution immédiate, la plupart des prévenus sont remis en liberté, faute de preuves. Ils s'expriment à la sortie du tribunal, et sur des millions d'écrans. Ils n'ont pas participé aux émeutes, disent-ils, ils rentraient seulement chez eux, ils sont « de simples citoyens français » mais ils sont « victimes de discrimination raciale », d'une « chasse à l'étranger »…

Après vingt jours, l'état d'urgence succède à l'état de grâce.

Vendredi 15 juillet, 20 heures, sur TF1

Les violences ont repris dans la soirée. La Première ministre annonce qu'elle enverra l'armée, si nécessaire :

— Nos troupes sont spécialement entraînées à la guérilla urbaine, et nous n'hésiterons pas. Si elles sont attaquées, elles répliqueront. La majorité élue a promis de ramener l'ordre, elle le fera, quoi qu'il en coûte.

À la question de savoir si les soldats utiliseront leurs armes, la réponse est sibylline :

— Je ne le souhaite pas, et ferai tout pour l'éviter, mais si nos soldats sont attaqués ils répondront. Il y a dans les cités des stocks d'armes qui doivent être neutralisés, et disparaître.

22 heures

Le téléphone de Marine Le Pen sonne alors qu'elle est dans sa voiture, en direction de son domicile. C'est Emmanuel Macron. Elle soupire… Elle a envie de se mettre en mode avion, mais finit par décrocher :

— Bonsoir, monsieur le président, j'imagine que vous m'avez regardée chez Gilles Bouleau.

— Bonsoir. Vous étiez parfaite, à un détail…

— Ah ?

— Oui… Le chef des armées, c'est le président de la République. Donc avant de faire tirer sur les gens je vous recommande de lui demander son avis.

— Je comprends. Mais dites au président qu'il relise la Constitution : le gouvernement dispose de la force armée. Donc j'en disposerai si je le juge utile, et si le président m'en empêche, il l'assumera devant l'opinion publique. Mais rassurez-le, je vous préviendrai avant…

— Dans un journal de 20 heures ?

— On verra bien. À 13 heures, ça pourrait le faire aussi. Bonsoir, monsieur le président.

Un affront. À cet instant, Emmanuel Macron mesure la profondeur de sa défaite. Il était Jupiter, et il est impuissant. Il ne lui reste que le ministère du verbe, et la patience du chasseur.

Samedi 16 juillet, dans Le Figaro

Dans un écho intitulé « Jupiter privé de foudre », le grand quotidien de droite raconte la scène de la voiture. Le président de la République, prévenu par Alexis Kohler, lit silencieusement l'article. Deux personnes étaient au courant, Marine Le Pen et lui, et comme il n'a pas appelé *Le Figaro*... Il sourit en levant les yeux vers son secrétaire général, qui redoutait sa colère :

— Elle joue au chat et à la souris, et je m'amuse d'avance. Prochain épisode le 19 à Bruxelles, lors du sommet européen...

— Vous croyez qu'elle enverra l'armée ?

— Elle y pense, mais elle va réfléchir...

Dimanche 17 juillet

De nouveaux incidents se sont produits pendant la nuit. Dans le *JDD*, un sondage indique que les Français s'inquiètent, et que la popularité de la Première ministre amorce une légère baisse. Marion Maréchal a appelé sa tante la veille au soir, pour la mettre en garde :

— Tu attends quoi pour frapper ?

Marine Le Pen a convoqué le ministre de l'Intérieur et de la Sécurité, Thierry Mariani :

— Il faut envoyer l'armée...

— Tu as raison... Mais on commence par où ? Il y a sept cents zones sensibles en France.

— Ne me dis pas qu'elles sont toutes en flammes, ces banlieues à la con...

— Non, pas toutes... Mais une bonne cinquantaine...

— OK, on va réfléchir. J'appelle Jérôme Rivière, je vois avec lui, et je te préviens.

Sans être un chouchou, le ministre de la Défense, Jérôme Rivière, est l'un des protégés de la patronne, depuis quelques mois. Elle apprécie ses compétences militaires, son carnet d'adresses qui l'a amené à fréquenter Steve Bannon, mais aussi sa docilité. Il ne la ramène pas, il est discret, il ne lui fait pas d'ombre. Autant dire qu'il est embarrassé quand elle lui demande de donner son avis. Or, ce matin, la décision est grave. Faut-il envoyer l'armée, en assumant un risque d'escalade, ou attendre en espérant un retour au calme ? L'été n'est pas propice aux grands mouvements. On peut peut-être attendre. Il hésite, et comme il sent qu'elle n'est pas plus décidée, il lui propose ce qu'elle a envie d'entendre :

— Si les incidents persistent, il faudra y aller, mais n'anticipons pas. Prenons le temps de la réflexion, préparons-nous, et observons.

Interrogé dans la soirée par Franceinfo, Rivière n'écarte pas l'hypothèse d'une intervention armée, mais lance un appel au calme, « dans l'espoir d'éviter le pire ».

Les ultras de l'extrême droite sont consternés. Pour eux, Marine Le Pen vient de manquer son rendez-vous avec l'Histoire.

Lundi 18 juillet

Dans la newsletter de *Valeurs actuelles*, un écho intitulé « La main qui tremble » raconte l'entretien « de Marion et de Marine », puis celui « de Marine et de

Jérôme », en se moquant des « atermoiements » de la cheffe du gouvernement. Le soir même, sur CNews, l'obsédant Éric Zemmour en remet une couche :

« Les banlieues tenues par des voyous maghrébins et subsahariens, gangrenées par l'islam, armées jusqu'aux dents ont déclaré la guerre au pouvoir politique, et que fait ce pouvoir ? Il réfléchit ! Il tient colloque avec lui-même ! La Première ministre a promis que sa main ne tremblerait pas, et une semaine plus tard, que fait cette main ? Elle hésite, elle tournicote. Elle se tâte. Ce qu'on pouvait redouter arrive plus vite que prévu. À trop jouer les passe-muraille, Marine Le Pen ne fait peur à personne, sauf à son ombre. »

Mardi 19 juillet, Bruxelles

La presse mondiale se masse aux abords de l'immeuble Europa, siège des sommets européens depuis 2018, tout de verre et d'acier, du sol au paravent qui lui sert de toiture. C'est dans cette enceinte impressionnante que pénètre celle que tout le monde attend, dans un mélange de curiosité et d'effroi, la nouvelle cheffe de gouvernement d'une France qui vient de basculer à l'extrême droite. Elle et le président sont arrivés ensemble, à la demande d'Emmanuel Macron qui veut prouver l'unité de la République, et son autorité. Ils passent devant la lanterne monumentale posée dans le grand hall, et entrent dans la salle de réunion décorée de rectangles de couleur. C'est là que les attendent les dirigeants et dirigeantes des vingt-sept pays européens.

Le sujet de la réunion est sensible. L'épidémie de coronavirus est désormais maîtrisée par la vaccination massive, ainsi que par l'avancée de médicaments qui bloquent enfin l'emballement immunitaire provoqué par le virus, mais des sommes colossales ont été dépensées pendant les confinements, des pans entiers de l'économie doivent être relancés, les budgets doivent être maîtrisés, et la question est de savoir si les dettes doivent être remboursées ou ajournées.

Arrivée sur la défensive en raison de la situation dans les quartiers, dont les images ont fait le tour du monde, Marine Le Pen montre les dents pour donner des gages à sa droite. Les rapports avec l'Union européenne sont une pomme de discorde entre elle et ses ultras. En s'asseyant autour de la table ronde, elle ne quitte pas des yeux le Chancelier allemand. Elle est tendue, donc elle sourit, mais elle est décidée à secouer le cocotier, assez fort pour que ses coups de gueule soient entendus hors du cocon capitonné qui la tient prisonnière. Elle veut que l'écho de ses paroles parvienne jusqu'à la salle de presse où poireautent les journalistes, pour qu'ils racontent qu'elle a su s'imposer.

Sur chacun des sujets, elle réclame bruyamment la parole, mais comme elle n'a pas spécialement potassé, elle s'en tient aux généralités, sur le mode bulldozer.

— Il faut renégocier. Il faut renégocier. Il faut renégocier. Il faut placer la Banque centrale européenne sous tutelle politique, il faut rendre leur souveraineté aux États, il faut jeter les bases d'un nouveau Schengen qui impose des frontières extérieures.

Ses yeux se tournent à chaque affirmation vers Emmanuel Macron, qui manifeste une parfaite indifférence. Après plusieurs interventions de sa Première ministre, il finit par conclure, d'une voix neutre :

— Mme Le Pen est en droit d'exprimer ses préférences et nous la remercions, mais sur tous ces sujets la position de la France est connue et n'a pas changé.

Aucune mouche ne vole dans cette enceinte aseptisée, mais on les entend quand même.

Marine Le Pen ne se décourage pas. Elle interrompt sans cesse ses collègues pour se livrer à des commentaires qui ressemblent à des proclamations. Au bout d'une heure, le Chancelier allemand finit par se mettre en colère :

— Nous avons enregistré vos doléances, madame, ou plutôt votre doléance unique, car c'est la même que vous répétez sans cesse. Rassurez-vous, nous l'avons entendue. Nous étudierons avec le plus grand soin votre désir de plus grande indépendance, mais commencez par régler vos problèmes budgétaires et nous verrons ensuite. Si nous sommes bien informés, vos premières décisions conduisent la France à davantage de dépenses plutôt qu'à un retour à l'équilibre, même si la BCE, que vous critiquez si fort tout en encaissant ses aides, a décidé de se montrer patiente. Pour l'immédiat, soyez aimable. Nous sommes vingt-sept, et chaque délégation souhaite autant que vous défendre son pays.

Cette fois, elle est piquée au vif. Elle fait mine de se lever.

— Je peux aussi m'en aller, si vous voulez…

Emmanuel Macron la retient par la manche en l'invitant à regagner sa place. Il lui souffle à l'oreille :

— Si vous partez, je serai le seul à représenter la France. Je vous remercie de cette confiance, mais je ne suis pas sûr que ce soit votre intérêt.

Elle se rassoit et ronge son frein jusqu'à la fin de la réunion.

Lors de la conférence de presse qui suit, elle reprend un à un les arguments qu'elle a développés en séance, mais les détaille longuement. Très longuement. À son tour, la presse européenne donne des signes d'impatience. L'un des reporters s'écrie : « On a compris ! » Emmanuel Macron met fin à l'intervention :

— Dans la mesure où la Première ministre ne souhaite pas sortir de l'euro ni de l'Europe ni effacer la dette, nous sommes d'accord sur l'essentiel et le reste est accessoire. Donc, restons-en là, merci de votre attention et de votre longue patience.

Les journalistes rient. Emballé, c'est pesé...

Dimanche 31 juillet

À la Une du *JDD*, un titre et un sondage : « Marine Le Pen, le temps se gâte. » Après les incidents en banlieue et le sommet européen, la Première ministre, qui surfait sur une cote de 55 % d'opinions favorables, a perdu quinze points selon l'Ifop. Sa prétention à imposer des réformes qui dépendent de l'aval des vingt-sept lui vaut une volée de bois vert sur la scène internationale. Pire encore, des critiques montent de sa droite qui lui reproche son indécision intérieure et son impuissance internationale. Dans une interview en page trois, Jean Messiha, chroniqueur tendance complotiste, qui fut l'un de ses chouchous avant de se brouiller comme tant d'autres avec elle, estime qu'elle est « entrée dans le moule d'une Europe de la finance mondiale et qu'elle a abdiqué face à l'islam conquérant ». Il ajoute un curieux commentaire : « Attendez le prochain budget, vous ne serez pas déçus. »

Lundi 8 août

Au cœur de l'été, pendant que les Français profitent de leurs premières libertés depuis 2019 en se ruant sur les destinations lointaines, un numéro spécial du journal *Les Échos* attire l'attention des économistes. Il ouvre un dossier qui va s'envenimer jusqu'à l'automne : la préparation du budget 2023. Le déficit est abyssal et les premières mesures annoncées par Marine Le Pen puis votées par l'Assemblée, loin d'y porter remède, pourraient le creuser mécaniquement. Aussi, dans la discrétion, chaque ministère a été invité à songer à des économies. Selon le journal, qui publie une lettre de cadrage issue du cabinet du ministre de l'Économie, il serait indispensable de contenir les dérapages, afin d'éviter les sanctions de Bruxelles. Aucune piste n'est privilégiée, mais aucune n'est écartée, de la hausse de la TVA à la baisse de certaines prestations, en passant même par l'invitation à réfléchir sur les régimes de retraite, suprême ironie pour une dirigeante qui a prôné jusqu'en 2021 le départ à soixante ans.

Cette orthodoxie budgétaire est un brutal retour aux lois de la pesanteur pour un nouveau pouvoir qui les dénie depuis quarante ans en critiquant toute forme de rigueur, et en accusant l'immigration d'être la seule cause des déficits. À peine arrivée au pouvoir, Marine Le Pen serait-elle sur le point de se convertir au célèbre TINA de Margareth Thatcher : « *There is no alternative* » ? Prendrait-elle, au bout de sept semaines, le fameux virage économique auquel François Mitterrand avait consenti en 1983, après un an et demi ?

La question est explosive mais ne se pose pas encore au-delà des cercles informés. Il fait si beau en cet été libératoire. La Première ministre le sait et profite de la moiteur indolente pour ne pas y répondre. Elle pose avec ses chats pour *Paris Match*, chez elle, dans son intérieur meublé simplement, façon Ikea, raconte qu'elle se fiche tellement « des fringues » qu'elle met toujours les mêmes, fait ses courses en embrassant la boulangère d'Hénin-Beaumont, où elle se rend encore de temps en temps (une amie lui prête depuis les années 2000 un appartement, face au cinéma), ou bien joue les grandes filles sympas en posant avec des grands-mères sur le marché Aligre à Paris, puis se fait photographier en survêtement, dans le contrejour de l'aube, courant le long d'une plage de l'Atlantique.

Après tout, la fièvre des banlieues semble apaisée, les fureurs du Parlement n'ont pas gagné les profondeurs du pays, les sondages ne sont pas flambants mais laissent entendre qu'elle est l'objet d'un doute, pas encore d'un rejet. Elle se dit que gouverner n'est pas si difficile. Elle se berce d'illusions en regardant ses matous se prélasser amoureusement.

Vendredi 12 août

Monstrueux embouteillages à la frontière espagnole. Des viticulteurs du Sud-Ouest, renforcés par leurs collègues d'Aquitaine et de Provence, protestent contre les mesures visant à favoriser l'emploi de personnels français pour la cueillette et les vendanges. Ils n'arrivent pas à recruter et expriment leur colère en bloquant sans préavis l'une des frontières par lesquelles passent habituellement les personnels saisonniers.

Dans un premier temps, le ministre de l'Intérieur, Thierry Mariani, partisan d'une ligne dure, menace de faire lever les barrages par la force, mais Laurent Wauquiez, au nom des Républicains, lui fait discrètement savoir qu'il commettrait une faute majeure en frappant un public qui vote massivement pour la droite. Mariani lui répond que le parti de l'ordre commettrait une faute encore plus grave en tolérant les désordres.

Marine Le Pen fait alors savoir qu'elle recevra les représentants du mouvement, à Matignon, dans la soirée. Après deux heures de discussion, elle concède un moratoire pour l'année 2022, et demande à ses interlocuteurs de s'organiser dans le cadre de la loi pour les années suivantes. Les barrages sont levés.

La gauche et les centristes ricanent, le président de la République s'amuse en privé mais se tait en public, Gérard Larcher passe un coup de fil à Wauquiez pour lui dire qu'il est « monté dans une galère qui n'ira pas loin » et qu'il « devrait songer à rentrer un de ces jours au bercail ». Quant à l'aile droite de la Première ministre, elle se déchaîne par la voix d'Éric Zemmour, encore lui, qui voit dans l'épisode une preuve de plus que « Marine Le Pen n'est pas une femme de droite mais une sociale-démocrate toujours encline à couper la poire en deux, puis les moitiés en quatre ».

Dimanche 21 août

Alors que septembre approche et que les politiques sollicités par les médias répètent en chœur qu'ils « ne font pas leur rentrée puisqu'ils ne sont jamais sortis », *Le Journal du dimanche* fait sa une avec l'entretien que leur a accordé le ministre de l'Économie Steeve Briois. C'est une belle exclusivité, car depuis l'article des *Échos*, les inquiétudes se sont démultipliées, et la crainte d'un tour de vis s'étale progressivement à la Une des journaux. Enseignants, personnels hospitaliers, fonctionnaires en général, retraités, chômeurs : le malaise est diffus mais gagne du terrain.

Briois est un très proche de Marine Le Pen et il est emblématique. Cet élu très présent sur son terrain, mais très discret médiatiquement, est fils de mineur, donc issu du peuple. Il s'engage au Front national dès 1988, c'est un dur sur le plan idéologique mais il est pragmatique dans la gestion. En conquérant Hénin-Beaumont, puis en se faisant réélire, il est devenu l'un des symboles de la mue du Front national, version Jean-Marie, en Rassemblement modèle « bleu Marine ». Cet homme de l'ultradroite n'a pas hésité à gouverner sa ville selon les méthodes du communisme municipal.

Il est donc très attendu sur la conduite des finances publiques, mais ses premiers pas sont incertains. C'est un pilote de chalutier, pas de paquebot, et Bercy est un grand navire. Les hauts fonctionnaires qui dégainent leurs certitudes l'exaspèrent et le complexent à la fois. Lui qui excelle dans le porte à porte et la poignée de mains se perd dans ces couloirs interminables et n'aime pas les discours. Chacune de ses prises de parole prend des allures de grand oral. Il a le trac, et a du mal à mesurer l'envergure de sa fonction nationale.

Son entretien ne déçoit pas, si l'on ose dire. Là où d'autres, plus expérimentés, auraient brouillé les pistes en pratiquant la langue de bois, il confirme avec une certaine candeur que le budget sera difficile à boucler, et obligera à étaler le programme social du gouvernement sur la durée de la législature : « On ne pourra pas tout faire en quelques mois, il faudra accepter quelques efforts, au moins au début. On ne peut pas inverser quarante ans d'incurie d'un coup de baguette magique. » Le discours n'affirme rien, mais confirme que la hausse de la TVA, à titre provisoire, ne peut pas être écartée, que le point d'indice des fonctionnaires restera sans doute gelé l'année prochaine, que le Smic ne sera pas majoré au-delà du coût de la vie. En clair, il entonne un discours dénoncé par son parti depuis des lustres.

La presse de gauche parle d'« aveu », celle de droite de « couac », celle d'extrême droite de « trahison ». Sur le terrain, les réactions sont immédiates. Marine Le Pen ne peut plus faire un pas sans qu'une meute de journalistes ou de manifestants ne l'interpelle sur « son virage ». La Première ministre est tombée dans la broyeuse. Depuis vingt ans, elle flattait les impatiences et les colères ; elle réclame tout d'un coup la patience et le sang-froid.

Samedi 27 août, Villeurbanne

Vers 20 heures, quartier des Buers, un jeune homme à moto est pris en chasse par des policiers, et fait une chute. Il meurt pendant son transfert à l'hôpital. Selon la police, il a manqué un virage et s'est écrasé contre un mur. Selon plusieurs témoins, la voiture des policiers, toutes sirènes hurlantes, l'a heurté et déséquilibré. Les pompiers ont été pris pour cible, puis un fourgon de police a été caillassé et contraint de prendre la fuite. Des émeutes ont duré une bonne partie de la nuit, un centre social a été incendié dans un quartier voisin. Le ministre de l'Intérieur a tenu une conférence de presse et annoncé que les responsables seraient poursuivis et châtiés.

Dimanche 28 août, Villeurbanne

De nouveaux incidents ont éclaté en fin d'après-midi. Des effigies de la Première ministre et du ministre de l'Intérieur ont été brûlées, des *Allahu akbar* ont été entendus. Les reporters des télévisions en continu qui assurent des éditions spéciales ont été pris à partie.

Marine Le Pen, échaudée par les émeutes du 17 juillet, et par les accusations de mollesse lancées par son aile droite, appelle le ministre de la Défense Jérôme Rivière :

— En juillet, ça flambait partout. Aujourd'hui les incidents ne se passent qu'à Villeurbanne, et comme tu le vois, les émeutiers nous narguent. On va donc leur casser la gueule, et pas qu'un peu. Ça refroidira les autres, qui ont peut-être envie, eux aussi, de passer à la télé en jouant à l'Intifada. Demain matin je veux que tes militaires patrouillent au pied des immeubles.

— Demain matin ? Laisse-moi le temps…

— Tu te démerdes.

Elle appelle ensuite Thierry Mariani pour ordonner l'envoi immédiat de renforts de police et de gendarmerie, et informe enfin Emmanuel Macron qui ne s'oppose pas à sa décision, même s'il est le chef des armées et s'il la désapprouve. Il lui dit simplement :

— C'est votre décision, et vous devrez l'assumer. Pas devant moi. Devant le pays. Aucun moulinet, même militaire, ne résoudra en quelques jours une crise qui repose sur cinquante ans de déni, et qui ne se réglera qu'avec du calme, de la volonté et une longue patience.

Lundi 29 août,
quartier des Buers, Villeurbanne

Les troupes spéciales entraînées à Satory se sont déployées, non seulement dans les rues, mais aussi sur les toits. Des véhicules militaires puissamment armés patrouillent. Des meneurs présumés sont arrêtés et déférés devant la justice. La journée se déroule sans incident, puis la nuit est tranquille. Marine Le Pen se rend sur place, monte les étages, et parle avec une famille maghrébine en expliquant que les soldats sont là pour la protéger, pas pour la menacer. Le soir, dans le journal de 19 heures de France 3, repris partout à 20 heures, ses propos sont plus martiaux :

— Une page s'est tournée avec l'arrivée de mon gouvernement. La peur a changé de camp. L'État sera sans pitié avec ceux qui rançonnent, qui trafiquent, qui prétendent imposer la charia, et il permettra aux millions de gens qui vivent paisiblement dans les quartiers de mener leur vie comme on le fait partout en France.

Elle boit du petit-lait. Elle pense avoir battu la gauche et fait taire ses contempteurs de droite.

L'AFFAIRE

Lyrisme en mai, mécomptes en septembre… De 1995 à nos jours, les murs de nos villes ont rêvé de « La France pour tous » au printemps avec Jacques Chirac, de « Tout devient possible » avec Nicolas Sarkozy, du « Changement c'est maintenant » avec François Hollande, de « Bleu Marine » avec la fille de Jean-Marie Le Pen, du « nouveau monde » avec Emmanuel Macron. Mais, trois mois plus tard, Chirac s'est heurté au « déficit de la Sécu », Sarkozy à « la France en faillite », Hollande à « l'héritage de la droite », Macron aux « Gilets jaunes ».

En France, depuis une trentaine d'années, les factures du printemps se règlent à l'automne. D'avril à juin, les campagnes électorales font entrevoir des lendemains qui chantent, puis d'octobre à novembre elles accouchent d'une rentrée qui déchante.

À son tour, Marine Le Pen est confrontée à ces contradictions, sans se douter que le retour de manivelle sera plus brutal pour elle.

Vendredi 2 septembre, palais de l'Élysée

L'ambiance est mélancolique au siège de la présidence. Emmanuel Macron a beau se montrer plus détendu à la télévision qu'à l'époque où Jupiter affrontait une polémique par jour, il a beau rappeler par des gestes symboliques et des visites sur le terrain qu'il reste le patron, il n'est plus chef de grand-chose. Dans son palais déserté, les conseillers s'ennuient, le téléphone ne sonne que de temps en temps, et la principale activité consiste à tenter d'établir des canaux qui contournent les silences ou les cachotteries du gouvernement.

L'hôtel Matignon reste courtois, mais on ne peut plus discret. Si Marine Le Pen n'a pas coupé l'électricité à l'Élysée, elle bloque autant que faire se peut les remontées d'information, notamment préfectorales, qui faisaient de la présidence le lieu le plus informé de France. Elle cloisonne hermétiquement le secteur des uns et des autres, comme au Rassemblement national, et veut contrôler la transmission des affaires sensibles au président. Le ministère de l'Intérieur de Thierry Mariani a reçu des consignes en ce sens : les dossiers doivent converger vers le secrétaire général du gouvernement, Bruno Bilde, avant d'être envoyés à l'Élysée, ou pas. Conscient de cet embargo, Alexis Kohler a ravivé les réseaux toujours actifs de l'ancienne UMP dans la police, aidé par Nicolas Sarkozy, qui entretient des relations étroites avec son successeur.

Ce jour-là, la ligne directe du secrétaire général de la présidence sonne et le nom de Frédéric Péchenard s'affiche. Péchenard est une pointure majeure, l'un des hommes d'influence les mieux renseignés du pays. Il a conservé les contacts qui l'ont amené à devenir directeur général de la police en 2007, nommé par son ami l'ancien président, et a failli devenir le ministre de l'Intérieur d'Emmanuel Macron en 2017. Or, Péchenard veut parler au président en personne. Il dit que c'est très important.

— C'est au sujet de l'attentat...

— L'attentat de la tour Eiffel ? Il y a du neuf ?

— Et pas qu'un peu...

Informé, Emmanuel Macron le rappelle sur son portable et lui propose un rendez-vous dans son bureau, à 17 heures. Le président a compris que les informations dont dispose son grand informateur ont à voir avec ce qu'avait suggéré Gérald Darmanin avant les législatives. Péchenard confirme dans le Salon doré :

— L'enquête a avancé. Je peux même dire qu'elle est bouclée, et que...

— Et que ?

— Et qu'il y a un mystère. Cette enquête, à propos d'une affaire qui a peut-être fait basculer les élections législatives, a dormi au fond d'un tiroir du commissariat de Villeurbanne.

— D'où tenez-vous l'information ?

— J'ai lu le rapport.

— Et qui vous l'a donné ?

— J'ai des amis dans la police, vous le savez bien... Des gens que le gel de ce dossier a pu scandaliser.

Frédéric Péchenard détaille alors le résultat des investigations du commissaire G, pendant qu'Emmanuel Macron hoche la tête en lâchant un « Ah bon » après chaque révélation. À la fin, le président conclut dans un sourire :

— Eh bien, cher Frédéric, vous savez ce qu'il vous reste à faire. Une erreur indépendante de notre volonté ayant endormi la justice, il nous revient de la réveiller.

Péchenard fait mine de ne pas comprendre :

— Vous souhaitez que j'en parle à Jean-Paul Garraud, le ministre de la Justice ? L'ami du ministre de l'Intérieur Thierry Mariani ? Vous pensez qu'ils vont nous aider ?

— Il y sera bien obligé quand il lira le journal que vous allez informer. Vous tenez un beau scoop et vous serez bien accueilli, vous verrez ! N'importe quel journaliste se damnerait pour sortir une histoire pareille avant ses petits camarades. Celui ou celle à qui vous allez confier l'info, sous le sceau du secret des sources cela va sans dire, ne la gardera pas longtemps pour lui, quelle que soit l'orientation de son titre.

Péchenard n'est pas un homme expansif, même si son franc-parler peut laisser penser le contraire, mais la perspective que lui propose le président de la République l'amuse infiniment. Le pouvoir de tirer les ficelles est, au minimum, aussi gratifiant que celui de tenir la barre.

— Pour vous dire la vérité, je crois que *Le Monde* est en train d'enquêter.

— Si je comprends bien, vous étiez venu chercher mon feu vert pour une opération que vous avez déjà lancée ?

— On ne peut rien vous cacher…

En se mettant au service d'Emmanuel Macron, Frédéric Péchenard travaille aussi pour Les Républicains, et pas seulement pour faire tomber Marine Le Pen. Même retiré, Nicolas Sarkozy en a marre de voir son parti cassé en deux. Il veut en finir avec les dissidents, non pas en les chassant mais en les contraignant à dissoudre leur groupe parlementaire, et à revenir au bercail. Les deux hommes, dupes de rien mais conscients de leurs intérêts réciproques, se congratulent dans un éclat de rire et scellent leur plan par un apéritif. Un vrai. Pas un verre de Perrier bulles.

Lundi 12 septembre, journal Le Monde

Un titre. Onze mots s'étalent sur huit colonnes. Ils vont faire le tour des télévisions et des réseaux sociaux :

« Attentat de la tour Eiffel : un membre du Rassemblement national impliqué. »

Ces révélations vont anéantir la campagne lancée par les amis de Marine Le Pen sur le thème du retour à l'ordre, depuis l'opération militaire de Vaulx-en-Velin. Pire encore, le choc de l'attaque du 26 mai va revenir comme un boomerang sur ceux qui ont cru bon de s'en servir, en les jetant dans le tambour infernal des chaînes non-stop et des réseaux sociaux. Un lessivage en règle dont on sort essoré.

En pages intérieures, le reportage est accablant de précision. Loin d'être un acte organisé par des professionnels du djihad, au nom d'une organisation terroriste internationale du genre Daesh ou Al-Qaïda, l'attentat du 26 mai, au pied de la tour Eiffel, puis sur le parvis des églises Saint-Augustin et de La Trinité, est l'œuvre d'un commando de branquignols : un islamiste égaré inspiré par un militant d'extrême droite à la ramasse.

Mohamed Meklaf, Franco-Algérien, connu pour sa ferveur religieuse mais pas fiché S, et David Octavi, militant du Front national puis du Rassemblement, ont quarante-huit ans tous les deux et se connaissent depuis la petite enfance. Nés en 1974 à Vaulx-en-Velin dans la banlieue de Lyon, dans le quartier du Mas du Taureau, qu'ils n'ont jamais quitté, et dont ils ont vu pousser les barres, ils ont fréquenté la même école primaire, le même collège, puis leurs chemins se sont séparés à l'âge de l'apprentissage.

Ils se sont retrouvés, à coups de poing, au moment des élections législatives, en 1993. Ils avaient alors dix-neuf ans et collaient des affiches pour leurs candidats respectifs à la députation. Fils d'un communiste, Octavi a rejoint le Front national « parce que c'est le nouveau parti du peuple et qu'il y a trop d'Arabes », et Meklaf est entré au Parti socialiste dans l'espoir de se faire embaucher à la mairie.

Après la bagarre, ils ont été embarqués par la police et ont passé deux heures au commissariat. À la sortie, ils sont allés boire un coup, et se sont raconté leur vie, leurs souvenirs d'enfance, l'institutrice du CM2 avec ses gros seins et les copines qu'on essayait de reluquer dans les toilettes. Ils ont aussi parlé de l'injustice du monde. Ils étaient en désaccord sur tout, et d'abord sur le Front national, que l'Arabe qualifiait de parti raciste, mais en accord sur le reste, et même avec le fait qu'il y avait trop d'étrangers. Ils sont souvent comme ça, les immigrés de la deuxième ou troisième génération, ils ont du mal à supporter que des nouveaux venus débarquent dans la cité pour les priver de ce qu'ils n'ont pas. Ils votent alors pour la famille Le Pen, qui s'est construite en les montrant du doigt. Ils veulent de l'ordre et des frontières. En clair, Meklaf haïssait le FN, mais devint pote avec Octavi (en cachette), et

Octavi détestait les Arabes, mais aimait bien son copain Meklaf (sous le manteau).

Ils se sont mariés l'un à vingt-trois ans, l'autre à vingt-cinq, et mutuellement invités à leurs noces. En ces grandes occasions, Meklaf a évité la charcuterie mais bu comme un trou, et Octavi a dansé le raï avec une beauté sans voile, mais en pensant, à la manière de Brice Hortefeux, que « quelques-uns ça va, le problème c'est quand y'en a beaucoup ».

Plus tard, dans les années 2000, quand le musulman, exaspéré de ne pas devenir employé municipal, s'est fâché avec le Parti socialiste, et qu'il a commencé à fréquenter la mosquée, Octavi s'est d'abord moqué de son tapis de prière, avant de s'énerver puis de rompre avec lui au début des années 2010.

Ils se sont retrouvés le 11 janvier 2015, dans la manifestation de Lyon, en réponse à l'attentat de *Charlie Hebdo*, survenu quatre jours plus tôt. Octavi pour en finir avec « le laxisme envers les assassins arabes et noirs », et Meklaf pour dire avec son imam, présent à la manifestation, que « *Charlie Hebdo* n'aurait pas dû insulter le Prophète, mais que l'islam ne tue pas ».

Dans la ferveur de ce jour-là, ils se tombèrent dans les bras, et arrosèrent les retrouvailles jusqu'au matin. Ils avaient quarante et un ans, traînaient de CDD en petits boulots, menaient des vies familiales sans queue ni tête, avec des fils qui faisaient des bêtises, et des filles qui faisaient des enfants toutes seules. Ils maudissaient ensemble la société dont ils se sentaient exclus, et ressentaient un désir de vengeance insatiable.

En 2017, l'imam de la mosquée de Meklaf est mort d'une crise cardiaque, en plein milieu d'un prêche où il invitait les fidèles à « écouter les paroles de paix du prophète, et pas les discours des musulmans perdus qui le trahissent en commettant des assassinats ». Le vendredi suivant, un imam originaire d'Algérie, un ancien du Front islamique du salut, expliqua que cette mort était une punition divine, et un message d'Allah, béni soit-il. Contrairement à ce que disait l'imam « envoyé en enfer », il fallait « écouter les martyrs qui faisaient le djihad en tuant les *kouffars* ».

Quatre années s'écoulèrent, et Meklaf se dessécha derrière sa barbe désormais poivre et sel. Il rencontrait toujours son ami Octavi, en douce, mais refusait le moindre verre, et jurait qu'il ferait le voyage en Syrie. Et plus il en parlait, moins il le faisait, plus il se fanatisait.

En mai 2022, David Octavi rejoignit ses accès de rage. Il n'en finissait pas de maudire la réélection d'Emmanuel Macron pour une poignée de voix, et ne dormait plus à l'idée que la victoire échappe à Marine Le Pen aux élections législatives. Un jour qu'il avait lu un livre sur l'histoire d'Israël (qu'il adulait pour sa capacité « à mettre les Arabes au pas »), et qu'il traînait dans un kebab avec Meklaf, une idée lui passa par la tête : en posant des bombes dans les bus après l'assassinat d'Yitzhak Rabin, le Hamas avait provoqué l'élection de Benyamin Netanyahou. Et si on faisait la même chose en France ? Il lança un défi à son copain, sans y croire :

— Si tu veux mettre le bazar, tu fais un attentat, toute la France parlera de toi, tu deviendras un héros, Marine Le Pen gagnera les élections, et après y'aura plus que nous. Toi avec ton Allah, et moi avec le Front national, comme en Palestine en 1995.

C'est ainsi, de fil en aiguille, de haussements d'épaules en hésitations, puis de tentation en obsession, que les deux vieux potes fumèrent le calumet de la guerre pour en finir avec la société qu'ils vomissaient ensemble. Sans le savoir et sur un serment d'ivrogne (l'un d'alcool et l'autre de religion), ils reproduisirent l'éternel schéma qui conduit les extrémistes à se nourrir des fanatiques, et vice versa.

Ils choisirent les lieux de l'attentat ensemble, et la date symbolique, fabriquèrent un explosif artisanal à partir du mode d'emploi trouvé sur un site Internet dont Meklaf avait le code, Octavi finança l'opération sur ses économies, prêta le sac dont on retrouva les débris, et comme il fallait un complice, le djihadiste improvisé recruta son plus jeune fils.

Ils partirent à moto vers Paris.

Une fois les faits et les personnages posés, le reportage du *Monde* en vient à la question la plus grave. L'enquête policière a-t-elle été sérieusement menée, et si oui, pourquoi le dossier n'a-t-il pas été rendu public et transmis à la justice ?

Les investigations avaient pourtant démarré vite. Les premières heures, sur la foi d'indices précis (le numéro du département relevé par un témoin sur la plaque d'immatriculation de la moto, l'ADN retrouvé sur le sac) les policiers avaient conduit leurs investigations dans la région de Lyon, ce que confirme au *Monde* l'ancien ministre de l'Intérieur Gérald Darmanin. Il a été prévenu juste avant les élections que les empreintes d'un militant du Rassemblement national habitant Vaulx-en-Velin avaient été identifiées, et puis plus rien. L'homme incriminé ne correspondait pas au portrait-robot des auteurs de l'attentat.

« Nous étions à quelques heures du premier tour des législatives, j'ai mis la pression sur mes services, l'information pouvait être capitale. Mais rien n'est remonté, je ne comprends pas pourquoi. »

La réponse fait partie du secret des sources et ne sera donc pas fournie, mais *Le Monde* certifie que le rapport complet d'enquête dormait dans un tiroir du commissariat. Comme on dit dans ces cas-là, les journalistes « ont pu se le procurer ». Des policiers ont bel et bien interrogé Octavi, puis sont remontés jusqu'à Meklaf, ont reconstitué leurs faits et gestes, mais ils se sont arrêtés là. Ils ont comme étouffé l'affaire, et même menti, quand le procureur leur a demandé s'ils avaient progressé.

À peine révélé, le scandale est énorme. Non seulement l'attentat du jeudi de l'Ascension a choqué les Français, mais personne n'a oublié comment il a remis le « péril islamiste » au cœur du débat politique, et comment Marine Le Pen et ses troupes s'en sont servies pour se propulser au pouvoir. La France était la proie du terrorisme international, et soudain l'inspirateur est un simple militant, affilié au parti au pouvoir…

Mardi 13 septembre, Assemblée nationale

Interrogée, la Première ministre est fidèle à sa tactique automatique. Elle se défend en mordant. Si cette affaire sort aujourd'hui, « comme par hasard », c'est parce que « le gouvernement a remis de l'ordre dans les territoires perdus de la République et que des forces ennemies essaient de l'en empêcher ». Elle se présente en victime, aux prises avec une conspiration. À l'entendre, elle n'a jamais rien su de ces « folies criminelles ». Si l'un de ses militants est mêlé à cette histoire, il sera exclu du parti et condamné sans pitié ! Elle désignera dès ce soir une commission chargée de comprendre comment un tel dossier n'est pas remonté jusqu'au ministère de l'Intérieur, et jusqu'à son bureau. « Les sanctions les plus sévères seront prises », promet-elle sous les huées de l'opposition :

« N'attendez pas pour les sanctions ! Prenez-les tout de suite ! Démissionnez ! Le Pen démission ! »

Mercredi 14 septembre, tribunal de Lyon

Mohamed Meklaf et David Octavi sont présentés au juge. Dans une conférence de presse, le procureur détaille leurs préparatifs et leur équipée. Ils sont mis en examen pour assassinat terroriste et complicité, et risquent la prison à perpétuité.

De son côté, Thierry Mariani, pâle et tendu, bute sur les mots en annonçant la mise à pied du commissaire soupçonné d'avoir caché le résultat de l'enquête à la justice et à sa hiérarchie. Il faut dire que *Le Progrès* et *Lyon-Matin* affirment que cet homme était connu pour ses proximités avec l'extrême droite. Selon leurs informations, ce gradé aurait été dénoncé par des collègues plutôt proches des anciens réseaux sarkozystes.

Le climat devient irrespirable pour la majorité. À l'Assemblée, les séances se succèdent dans un climat survolté. Une atmosphère de mise à mort. Devant les micros, Marine Le Pen lâche la fameuse phrase qui siffle en général les fins de partie :

« Je ne démissionnerai pas. »

Mercredi 21 septembre, palais de l'Élysée, salon Murat, Conseil des ministres

Dans ce climat désastreux, mesuré par des sondages en chute libre, le gouvernement accouche dans la douleur du projet de loi de finances. Les marges budgétaires sont étroites, voire inexistantes. Ayant choisi, dès la présidentielle, de ne quitter ni l'Europe ni l'euro, Marine Le Pen est contrainte au « réalisme ». Elle avait beaucoup promis, elle a du mal à tenir. Les ministres les plus à droite, Nicolas Bay en tête, sont ouvertement critiques, ceux qui viennent des Républicains ne décolèrent pas, Dupont-Aignan fulmine et menace de lancer un appel à la résistance. Ces tensions sont palpables à l'Assemblée et la perspective du long débat qui s'ouvre est d'autant plus incertaine que l'affaire de Villeurbanne commence à faire douter les opportunistes, cette masse instable qui vole au secours de la victoire une fois qu'elle se dessine, puis se retire à la première alerte.

L'article 39 de la Loi organique relative aux lois de finances (la Lolf) prévoit un calendrier très précis pour l'adoption de ce texte essentiel. Après sa présentation en Conseil des ministres, le texte est déposé auprès du Bureau de l'Assemblée, qui dispose alors de quarante jours pour le voter. Il est ensuite transmis au Sénat, qui dispose de vingt jours pour en débattre. En cas de désaccord entre les deux Chambres, une commission mixte paritaire essaie d'accorder les violons, et si ce n'est pas le cas le texte revient devant l'Assemblée qui peut l'adopter tel quel, ou le rejeter.

En tout, soixante-dix jours, pas un de plus, ce qui renvoie le vote solennel du budget aux alentours du

22 novembre. Au bout du bout, si le Parlement traîne les pieds, ou fait de l'obstruction, le gouvernement peut faire passer son texte en force, par ordonnances, mais il s'expose alors à une motion de censure.

Du 21 septembre au 28 octobre

Première lecture du projet de loi de finances à l'Assemblée nationale. Pour des ministres et des députés de droite et extrême droite qui adorent se référer aux racines chrétiennes de l'Histoire, ce débat sera conforme à leur mystique : un chemin de croix, avec stations, chutes, flagellations, insultes, invectives. Les coups pleuvent, venus de la gauche, mais d'abord de la droite. Le ministre de l'Économie Steeve Briois défend le classicisme austère de ses appels à la rigueur et promet la rupture pour le budget 2023, mais ce message de bonheur différé ne fait qu'échauffer les esprits. Pour l'immédiat, même si le gouvernement commente partout les « substantielles économies » (4 milliards dès la première année !) réalisées grâce à son plan de lutte contre l'immigration, on ne parle que de la hausse de la TVA (1 %) ou du refus d'augmenter le Smic.

Chaque jour, la presse débusque un nouvel impôt, un effort supplémentaire pour l'Éducation nationale – ce qui agace Laurent Wauquiez, même s'il reste muet –, pour les familles, pour les entreprises, pour les professions libérales, pour les épargnants, et même pour la Défense nationale. Chaque soir, Éric Zemmour maudit « la capitulation face à l'Europe », tandis que Marion Maréchal, invitée partout parce que ses petites phrases font le buzz, recommande à sa tante d'en revenir aux promesses de sa campagne.

Le groupe La Droite unie, inspiré en sous-main par Guillaume Peltier, multiplie les amendements visant à « augmenter les salaires de 20 % en supprimant toutes les cotisations sociales, et en les remplaçant par un prélèvement de 2 % sur les transactions financières et les paiements électroniques ». Une proposition lancée dès le printemps 2021, qui présente l'inconvénient de braquer les syndicats, et d'inventer une TVA *bis* puisque le paiement électronique, par carte bleue, représente la quasi-totalité des achats, de la baguette de pain à la voiture. Ces amendements sont repoussés par le gouvernement, mais chaque refus creuse un peu plus le fossé entre le groupe La Droite unie et la majorité, à laquelle il appartient pourtant.

Au fil des votes, les articles de la loi sont adoptés à une majorité de plus en plus courte. Les quatre-vingt-dix députés Républicains du groupe dissident subissent les assauts de leur parti d'origine. Tour à tour Christian Jacob, qui se réveille, ou Gérard Larcher, qui continue de s'activer, les appellent personnellement, à la fureur d'Éric Ciotti.

Le 28 octobre, juste avant le vote final, Marine Le Pen monte à la tribune et tance sa majorité :

« Je m'attendais aux attaques de la gauche, et je constate que les critiques viennent de la majorité. Mais qui êtes-vous pour vous éparpiller à la première bourrasque ? Est-ce là votre courage ? Votre caractère ? Votre volonté ? Il faut s'unir. Les surenchères ne font pas une politique. Nous gagnerons ou nous perdrons ensemble. Je compte sur vous pour voter ce budget, mais dites-vous que les débats ont assez duré. Et s'il faut les clore par des ordonnances, je n'hésiterai pas. Vous prendrez vos responsabilités. »

L'avertissement impressionne les mécontents, qui n'ont aucune envie de faire tomber le gouvernement par une motion de censure. Aucun désir de retourner devant les électeurs, si le président de la République saisissait l'occasion pour dissoudre l'Assemblée. Le budget est adopté par l'Assemblée nationale, et transmis au Sénat, qui dispose de vingt jours pour le voter ou l'amender.

LA DISSOLUTION

Mardi 2 novembre, Mediapart,
édition de la mi-journée

Le coup de grâce, sous la plume de Fabrice Arfi. Le journaliste emblématique de Mediapart révèle que depuis le mois de juillet, au moins, le ministre de l'Intérieur, Thierry Mariani, était informé du résultat de l'enquête sur l'attentat de la tour Eiffel et des églises Saint-Augustin et de La Trinité. Mediapart publie un mail envoyé au ministère, le 4 juillet 2022, à 10 h 30, par le numéro deux du commissariat de Vaulx-en-Velin, un proche des réseaux sarkozystes selon le journal. Ce courrier informe le ministre de l'épilogue de l'enquête, de l'identité de l'auteur et de l'instigateur. La copie intégrale du dossier publié le 5 septembre par le journal *Le Monde* est jointe à cet envoi.

La charge est écrasante. Le ministère de l'Intérieur savait que l'un des deux instigateurs de l'attentat appartenait au Rassemblement national, et l'a caché au pays. C'est la panique. Pendant deux heures Matignon refuse de commenter, et renvoie la presse vers Beauvau, qui ne répond pas. À 14 heures, le cabinet de Thierry Mariani publie un communiqué annonçant que le ministre s'exprimera à 17 heures, lors d'une conférence de presse, avant d'annuler le rendez-vous, puis de le confirmer.

À 17 heures, Mariani reçoit les journalistes dans son bureau de style Empire, eux debout et lui assis, affichant le détachement de l'Excellence préoccupée par son parapheur plutôt que par ses hôtes. Il lève enfin les yeux et sourit :

— Vous êtes prêts ?

Il enchaîne aussitôt :

— Vous êtes ici pour une affaire de cornecul. Je ne vais pas vous dire qu'elle est inventée, puisque ces documents existent, je ne vais pas vous dire qu'ils sont faux, puisqu'ils sont authentiques, je ne vais pas vous dire que mon ministère ne les a pas reçus, puisqu'ils sont arrivés dans mes services au mois de juillet. Mais je vais apporter deux ou trois précisions. D'abord cette affaire, dont je ne savais strictement rien, et que j'ai découverte en lisant les journaux, n'a pas éclaté toute seule. Je suis bien placé pour vous dire que la police française est noyautée par des réseaux qui me veulent d'autant plus de mal que j'en ai fait partie, si vous voyez ce que je veux dire. Vous dire ensuite que ces gens ont saisi une occasion de m'abattre, et que cette occasion, je dois l'admettre, est efficace, même si elle est misérable ! Mediapart n'a pas trouvé cette info tout seul. Des officines ont décidé de monter une affaire de toutes pièces. Elles ont pourtant manqué leur cible. C'est vrai, je suis embarrassé. Mais comme je suis parfaitement innocent, le coup est manqué. Ils ne m'abattront pas. Les fautes individuelles commises ont été et seront sévèrement sanctionnées. Comme vous le savez, le commissaire qui n'a pas donné suite à son enquête a été mis à pied, et je vous annonce que mon directeur de cabinet vient d'être relevé de ses fonctions. Je le regrette profondément, je lui conserve mon amitié, il n'a agi que pour me protéger. Mais il s'est gravement trompé, il en paie donc les conséquences.

Plusieurs journalistes demandent si le ministre s'appliquera le même régime, en s'en allant. Il répond :

— Le seul rôle que j'ai tenu dans cette histoire est d'avoir lu vos journaux. Je ne suis pas sûr que cela soit un délit. Nous sommes donc appelés à nous revoir.

De l'extrême gauche à l'extrême droite, la presse accueille cette parade avec férocité. « Vu mais pas pris », titre Libération.fr. « Sale temps pour les lampistes », résume LeParisien.fr. Tandis que le cumulard Éric Zemmour, député et chroniqueur, ricane sur CNews :

« Il est inattaquable le premier flic de France, et vous savez pourquoi ? Parce qu'il n'est au courant de rien. Il n'est pas plus informé que Mme Michu. C'est un jockey qui n'aurait pas de cheval mais prétendrait gagner le Prix du président de la République… »

Mercredi 3 novembre, 11 heures,
Hôtel de Matignon

Effrayée par la tonalité des commentaires, Marine Le Pen convoque Thierry Mariani dans son bureau. Celui-ci ne s'attend pas à ce qu'il va vivre. Il a rejoint celle qui est devenue Première ministre peu avant les européennes, et ne connaît pas son mode de fonctionnement. Il n'a pas éprouvé sa capacité à tourner sans préavis la page de ses emballements ou de ses dédains, et comme elle ne jure que par lui (et quelques autres) depuis la présidentielle, il se sent intouchable. En s'asseyant face à elle, il se dit qu'elle va sans doute lui passer un savon, puis que la vie continuera. Mais elle ne le regarde pas. On dirait qu'elle se parle à elle-même. Elle fixe un point du mur qui passe par-dessus son épaule, débite un monologue d'une voix d'ordinateur.

— Je sais que tu travailles beaucoup, Thierry, mais cette histoire est impossible. Je ne peux pas gouverner avec une merde pareille au cul, au moment du budget, alors que l'opposition veut me censurer. Tu dois partir.

— Mais enfin, Marine, c'est impossible. Nous avons des accords.

— Tu dois partir…

— Je refuse.

— Le communiqué de presse a été envoyé au moment où tu es entré dans ce bureau.

Il se met à hurler :

— Tu es folle, folle à lier ! Ça ne se passera pas comme ça.

Exactement ce qu'il ne faut pas faire. Elle a horreur « qu'on lui crie dessus comme le faisait son père ». Elle a fait cette confidence à ses assistantes, quand elles étaient entre femmes. « Ça me rend sauvage », avait-elle ajouté en riant de toutes ses dents de bonne fille, et de squale.

Elle conclut l'entretien :

— Avant de partir, tu signes ta démission chez mon directeur de cabinet. Et aux journalistes qui t'attendent tu expliques que tu t'es sacrifié pour moi. Ce sera noble et je te rendrai hommage… Passe une belle journée.

15 heures, Toulouse, ateliers d'Airbus

Emmanuel Macron est en visite chez l'avionneur. La sortie de crise est difficile. L'aéronautique a terriblement souffert du confinement mondial. Le président rencontre les syndicats, la direction, puis la presse. C'est pratique, la cohabitation, après Mitterrand et Chirac Macron le vérifie depuis quelques semaines. Il peut sortir sans se faire chahuter, et quand un interlocuteur exprime une impatience ou une colère, il n'a pas à le calmer, ou à le contrer. Il approuve les mécontents ! Lui, le chef de l'État, hésite de moins en moins à s'en prendre à l'État qu'il préside.

Les journalistes attendent un commentaire sur les révélations de Mediapart, dont il disait pis que pendre quelques mois plus tôt, et sur la démission du ministre de l'Intérieur. Il le sait. En d'autres temps, il détestait qu'on lui parle d'autre chose que d'aéronautique quand il visitait Airbus, ou des calissons quand il se rendait à Aix-en-Provence, mais en ce jour il est disert, pas contrarié du tout, et met les rieurs de son côté :

— Je ne me prononcerai pas sur une affaire qui concerne la justice. Je constate simplement que le terrorisme islamiste, beaucoup le combattent, j'en fais partie, mais que d'autres s'en servent. Ils mettent, comme qui dirait, un tigre dans leur moteur… Il arrive qu'ils se fassent dévorer…

Jeudi 4 novembre, 12 heures,
palais de l'Élysée

Depuis les premières heures de la quatrième cohabitation, le président de la République et le président du Sénat, premier et deuxième personnages de l'État, ont pris l'habitude de communiquer. Ils le font par téléphone, pour prendre la température, l'un des intentions présidentielles, l'autre du climat à droite, mais ce jour-là Emmanuel Macron a convié Gérard Larcher à un déjeuner en tête à tête.

L'atmosphère du repas est cordiale. Le coup de fourchette de Larcher est réputé, le chef des cuisines de l'Élysée le sait. Il a préparé des ris de veau et du lièvre à la royale, ses plats préférés, arrosés d'un grand bourgogne. Tant d'égards l'interrogent, alors que la conversation évite les derniers événements, et vogue de petits riens en considérations vachardes sur les uns et les autres. Tailler des costards (et parfois se les faire offrir) est un sport très prisé en politique. Plaisirs de la table et de la conversation, comme si le président de la République voulait mijoter à feu doux son invité avant de lui servir sa surprise du chef, entre le roquefort Gabriel Coulet et les profiteroles au chocolat bien tiède. Le président du Sénat se régale mais il est trop habitué aux coups tordus pour ne pas se méfier un peu.

Le moment arrive enfin :

— Gérard, où en êtes-vous ?

— Moi ? Je suis toujours président du Sénat…

— Quelle surprise ! Et moi encore à l'Élysée… Mais, plus sérieusement, vous voyez bien ce qu'il se passe. Cette affaire, et le budget qui mécontente tout le monde, y compris vos dissidents. J'aimerais savoir où en est votre droite. Toujours un pied dans l'abstention et un autre au gouvernement ? Toujours le grand écart ?

— Toujours…

— Malgré le climat ? Malgré les révélations sur l'attentat ? Malgré la démission de Mariani ? Malgré le budget qui les ridiculise ?

— Malgré…

— Et vous allez le supporter longtemps ?

— Moi, non. Eux, je ne sais pas.

— Qui ça, eux ?

— Les quatre-vingt-dix députés Les Républicains du groupe La Droite unie qui votent pour ce gouvernement, vous le savez bien…

— Et ils ne sont pas troublés ?

— Un peu, je crois. Mais s'ils font tomber leur alliée, ils se disent que vous dissoudrez, et qu'ils tomberont avec. Et vous savez ce que c'est : les députés ont horreur de cette idée. Ils n'ont aucune envie de retourner devant les électeurs avant la fin de leur mandat.

— Eh bien, je vais vous donner une arme pour les troubler davantage. Mais vous ne l'utiliserez qu'à huis clos, en réunion interne, sinon je démentirai.

Gérard Larcher, qui s'apprêtait à plonger sa petite cuillère dans le chocolat fondu, suspend son geste, ce qui est chez lui le signe d'une concentration extrême. Le chasseur s'est mis à l'affût, son état de veille est supérieur à son envie d'engloutir les profiteroles.

— Gérard, je vais dissoudre l'Assemblée nationale, quoi qu'il arrive. L'actuel gouvernement ne peut pas continuer. Il est ruiné politiquement par la tragique affaire de l'attentat, bien pire que celle de l'Observatoire au temps jadis, et il est incapable de proposer un budget cohérent. J'ai donc des arguments. Mais…

— Mais ?

— Mais je peux offrir à votre parti une occasion de sortir de son merdier par la grande porte. Ce gouvernement, poussez-le vers la sortie en vous rassemblant, et dans ce cas, moi je ferai le reste… Vous avez toutes les chances de devenir majoritaires, et, pour tout vous dire, une cohabitation avec les vôtres me paraîtrait moins pesante. Nous avons quelques valeurs communes, n'est-ce pas, en plus du Vosne-Romanée.

Ils se parlent encore longtemps. Larcher oublie de finir ses profiteroles. Il a mordu à l'hameçon. Il se dit que peut-être…

Du jeudi 4 au mercredi 16 novembre,
palais du Luxembourg

Le Sénat n'a pas subi la bourrasque politique de la présidentielle et des législatives. Il n'y siège ni groupe Rassemblement national, ni dissidents des Républicains. Les travaux, conduits de bout en bout par Gérard Larcher, vont littéralement déconstruire le budget. Un à un, les articles votés par l'Assemblée vont être rejetés à une très large majorité, et remplacés par des propositions refusées par le gouvernement. La machine est spectaculairement bloquée. Ce qui surprend, et qui annonce de mauvais jours pour le gouvernement, c'est l'unanimité du centre et de la droite, où siègent pourtant des sénateurs qui n'étaient pas hostiles au rapprochement avec Marine Le Pen. Les connaisseurs des arcanes de la chambre haute y voient la main de Gérard Larcher, et la suite va prouver que leur analyse n'est pas infondée.

Le mercredi 16 novembre, le PLF est formellement rejeté.

Conformément à la Constitution, la Première ministre convoque le lendemain une commission mixte paritaire chargée de rapprocher les positions de l'Assemblée et du Sénat. Cette réunion est un échec.

Le vendredi 18, l'Assemblée reprend l'examen du budget, sur la base du texte qu'elle a adopté le 28 octobre, mais dès les premières minutes, le ton de plusieurs orateurs du groupe La Droite unie change radicalement. Ils menacent de s'opposer à cette loi de finances si de profondes modifications ne sont pas acceptées. La proposition inspirée par Guillaume Peltier est remise sur la table. Sentant que le débat va s'enliser alors que le délai des soixante-dix jours approche, Marine Le Pen décide de taper du poing sur la table. Elle annonce qu'elle engagera la responsabilité du gouvernement le mardi 22 novembre, et met en demeure ses opposants internes de la censurer ou de la soutenir loyalement. Quitte ou double.

Dans la foulée, le groupe Europe Écologie dépose une motion de censure bientôt soutenue par le Parti socialiste, puis par La France insoumise, et rejointe dans la soirée par le Modem et La République en marche. Les deux groupes Les Républicains se taisent.

Dimanche 20 novembre, Le Touquet

Emmanuel Macron se repose dans sa maison de famille, la journée est estivale. Il sourit en lisant le *JDD*. On y parle de « semaine décisive », comme à l'époque pas si lointaine du coronavirus. Confort des temps de cohabitation, ce n'est pas lui qu'on attend au tournant, mais Marine Le Pen, en photo à la Une, sous le titre : « Terminus ou rebond ? » La motion de censure sera mise aux voix mardi et le journal fait les comptes. Au vu du nombre de Républicains qui ont commencé à s'abstenir sur certains chapitres du budget, et en dépit de leur soutien théorique au gouvernement, la majorité ne tient qu'à quelques voix.

Soudain, le téléphone du président vibre dans sa poche. C'est Alexis Kohler.

— Pardonnez-moi de vous déranger, monsieur le président…

Kohler est plus sentencieux que nature, mais rigole en même temps…

— … ?

— J'ai reçu un appel pressant.

Il rit toujours.

— De qui ?

— Tu es assis ? Tu ne devines pas ?

— Il fait beau, j'ai autre chose à faire qu'à jouer aux devinettes.

— Dupont-Aignan !

— Qu'est-ce qu'il veut, encore, celui-là ?

— Il dit qu'il est disponible, pour Matignon, et qu'il peut aider à faire tomber Marine Le Pen en demandant à son groupe de s'abstenir sur la motion de censure

Macron hésite un court instant, entre l'envie de rigoler et la portée arithmétique de la bouffonnerie que lui propose le de Gaulle de l'Essonne. Sans les quatorze voix de Debout la France, le gouvernement tomberait, effectivement. Mais l'ardeur de l'homme providentiel indique sans doute qu'il se passe des choses dans le groupe La Droite unie et qu'il veut les devancer.

— Eh bien, dites à Dupont qu'il aille à Londres et me rappelle le 18 juin prochain.

— Ah ! Le rappel du 18 juin ?

— Exactement. Bon dimanche Alexis…

Lundi 21 novembre, siège des Républicains

Le week-end a été dramatique. Les ministres Laurent Wauquiez, Éric Ciotti, Guillaume Larrivé et Julien Aubert sont en furie. Ils savent que le président du Sénat est à la manœuvre, et que Christian Jacob va le soutenir pour en finir avec la scission du parti. On vit dans un entre-deux, comme un couple séparé qui recule devant le divorce, et ça ne peut pas durer.

Depuis l'affaire de l'attentat, puis l'examen du budget, le groupe La Droite unie est de plus en plus friable. Ses députés éprouvent des doutes. Ils se demandent s'ils ne sont pas montés à bord d'un *Titanic* et regardent vers les chaloupes.

Christian Jacob ouvre la séance dans un silence absolu, qui contraste avec l'atmosphère exaltée des réunions d'avant législatives. Ces hommes et ces femmes élus dans une ferveur quasi révolutionnaire en juin (on allait briser les chaînes, on abattrait les tabous !) sont pris de peur à l'approche de l'hiver.

La direction du parti souhaite que les Républicains s'unissent enfin dans la réponse à la motion de censure, et refusent la confiance au gouvernement.

— C'est une folie ! C'est une félonie, hurle Éric Ciotti. Que sommes-nous devenus ? Des rats ? Vous croyez qu'on va quitter le navire à la première tempête ?

— Le seul navire, c'est notre parti, pas celui de Marine Le Pen, et je vous demande de le rejoindre !

Applaudissements des légitimistes.

Laurent Wauquiez monte alors à la tribune.

— Le parti dont tu parles, cher Christian, c'est celui du passé. Nous, au groupe La Droite unie, nous parions sur l'avenir. La page est tournée, nous n'y reviendrons pas. Je vous le dis, aucun ministre, aucun, ne désertera le gouvernement. Nous sommes des fidèles, pas des opportunistes (rires d'une partie de la salle).

Puis il se tourne vers les députés :

— Quant à vous, chers députés, réfléchissez un instant. Vous nous soutenez depuis l'été et voilà qu'on vous somme de nous lâcher. Imaginez votre avenir. Pas à long terme, pas dans cinq ans, pas dans deux ans, pas dans six mois ! Non, votre avenir de la semaine prochaine ! Si vous mettez le gouvernement en minorité, le président de la République en profitera pour dissoudre et vous retournerez devant vos électeurs. N'en doutez pas une seule seconde : il dissoudra, je vous le dis, il dissoudra !

Applaudissements du côté lepéniste…

Gérard Larcher demande alors la parole, et l'obtient. Il monte lentement à la tribune, en pesant sur ses pas, comme un ours en colère. Oubliée la bonhomie, c'est un sumo qui s'installe au micro. Son message est frappé à la masse :

— Chers amis, il faut en finir... Nous en sommes à l'épilogue... À l'heure du choix... La dissolution que vous redoutez n'est pas une hypothèse mais une certitude programmée. Le président de la République a décidé, quoi qu'il arrive, de dissoudre l'Assemblée nationale. La semaine prochaine, vous tous qui m'écoutez, vous ne serez plus députés. Vous serez des candidats, et vous aurez choisi votre camp. Ou bien vous soutiendrez le Rassemblement national, demain mardi à l'Assemblée, et dans ce cas oubliez-nous ! Votre investiture, vous irez la demander à votre nouvelle patronne, à Marine Le Pen, et à personne d'autre. Ou bien, au minimum, vous vous abstiendrez sur la motion de censure, et dans ce cas vous aurez l'investiture des Républicains. Ou bien l'un, ou bien l'autre, pas les deux en même temps. Qu'on en finisse ! LR s'oppose et s'opposera à toute alliance avec l'extrême droite. Le beurre de l'investiture et l'argent du beurre de la compromission, c'est terminé.

— C'est un chantage ! Et d'abord, d'où tiens-tu ces certitudes ?

La voix de Julien Aubert a retenti au fond de la salle.

— C'est un choix politique, lui répond simplement le président du Sénat. Politique, tu m'entends ! Et pour le cas où tu l'aurais oublié, je suis le deuxième personnage de l'État, donc assez proche du premier pour disposer d'informations certaines...

Christian Jacob conclut, un peu gêné :

— Je résume donc la position du groupe LR pour le vote de la motion de censure. Vous aurez la liberté de voter la censure, ou de vous abstenir. Mais tout vote de confiance en faveur du gouvernement sera sanctionné par une exclusion immédiate.

En d'autres temps, cette annonce irrévocable aurait tourné à la rixe. Elle est accueillie dans une tension de tragédie. Wauquiez, Ciotti, Larrivé et Aubert quittent la salle, suivis d'une vingtaine de participants. On entend leurs pas s'éloigner sur le carrelage.

Mardi 22 novembre, 16 heures, Palais Bourbon

Un sanglot dans la voix, le président de l'Assemblée nationale, Jordan Bardella, annonce le résultat du vote : la motion de censure est rejetée car elle n'atteint pas la majorité absolue, mais le gouvernement est cruellement minoritaire.

La motion de censure obtient deux cent cinquante-quatre voix contre deux cent quatorze et cent neuf abstentions. Le groupe LR s'est réparti en trois : vingt députés ont voté en faveur du gouvernement d'extrême droite, cinquante-sept ont voté la motion de censure, cent neuf se sont abstenus.

Dans la forme le gouvernement peut se maintenir, puisque l'article 49.2 de la Constitution interdit que la motion de censure soit adoptée à la majorité simple, par le jeu des abstentions, mais exige la majorité absolue. Dans les faits, Marine Le Pen se retrouve dans une position intenable, dans l'incapacité de faire voter la moindre loi. Elle est condamnée à l'impuissance ou à la démission.

Elle n'aura pas le temps d'y réfléchir. Son téléphone sonne. C'est le président de la République.

19 heures, « urgent AFP »

« Après consultation de la Première ministre et des présidents des assemblées, le président de la République a dissous l'Assemblée nationale. En application de la Constitution, des élections législatives seront organisées dans un délai de vingt à quarante jours. »

Mercredi 23 novembre, 10 heures,
palais de l'Élysée, Salon doré, au téléphone

— Bonjour, Xavier.
— Bonjour, monsieur le président.
— Cette fois, tenez-vous prêt.
— Je le suis toujours, au nom de la France…

TABLE

Cet ouvrage a été composé
par Facompo
à Montrouge (Hauts-de-Seine)

Impression réalisée par

NORMANDIE ROTO IMPRESSION S.A.S.
à Lonrai (Orne)

en août 2021
pour le compte des Éditions de l'Archipel,
département éditorial de la S.A.S. Écriture-Communication

Imprimé en France
N° d'impression : 2103374
Dépôt légal : septembre 2021